W0062479

V&R

Dienst am Wort

Die Reihe für Gottesdienst und Gemeindearbeit

Band 121

Vandenhoeck & Ruprecht

Gottesdienste mit Jugendlichen

Gabriele Persch

Vandenhoeck & Ruprecht

Bibliografische Information der Deutschen Nationalbibliothek

Die Deutsche Nationalbibliothek verzeichnet diese Publikation in der
Deutschen Nationalbibliografie; detaillierte bibliografische Daten sind
im Internet über http://dnb.d-nb.de abrufbar.

ISBN 978-3-525-59530-5

Umschlagabbildung: Shutterstock

Satz: weckner media+print GmbH, Göttingen
Druck und Bindung: ⊕ Hubert & Co, Göttingen

Gedruckt auf alterungsbeständigem Papier.

Inhalt

Einleitung

1. Warum Gottesdienste mit Jugendlichen?

Ein Anliegen der Kirche und der Gemeinden ist, Jugendliche für das kirchliche Leben zu interessieren. Sie sollen an den Gottesdienst und an die Auseinandersetzung mit der biblischen Botschaft herangeführt werden.

Doch warum sollen Jugendliche ein Interesse an der Kirche haben? Die Kirche bietet mit ihren Veranstaltungen, Gruppen und besonders ihren Gottesdiensten Möglichkeiten, Gemeinschaft zu erleben und so der gesellschaftlichen Tendenz der Vereinzelung und sozialen Isolierung zu begegnen. Außerdem stellt sie den Menschen Raum und Zeit zur Verfügung, sich in dieser Gemeinschaft mit Lebens- und Sinnfragen zu befassen. Gerade die Jugendlichen befinden sich in einer Lebensphase, in der diese Fragen und die Suche nach möglichen Antworten einen wichtigen Anteil der Persönlichkeitsentwicklung ausmachen. Es ist also die Pflicht der Kirche, hier in besonderer Weise auf die Jugendlichen und ihre Bedürfnisse einzugehen. Vielfach ist die Kirche jedoch eine Veranstaltung für Erwachsene. Mit Mühe werden gerade noch Kindergottesdienste und Konfirmandenunterricht angeboten. Kinder- und Jugendgruppen werden häufig zu Freizeitgestaltungsangeboten, die mit kirchlichen Inhalten wenig zu tun haben und in der Konkurrenz zu kommunalen oder städtischen Freizeitangeboten kaum bestehen können. Diesen Defiziten, die in den einzelnen Gemeinden durchaus gesehen werden, zu begegnen ist eine entscheidende Aufgabe der Kirche. Mit Gottesdiensten mit Jugendlichen und einem damit verbundenen Konzept des Konfirmandenunterrichts und der Jugendarbeit kann die Kirche diese Aufgabe wahrnehmen.

Die Jugendgottesdienste, um die es hier gehen soll, sind als Gemeindegottesdienste und Sonntagsgottesdienste konzipiert. Sie haben neben den genannten Funktionen noch eine weitere zu erfüllen: Sie sind als ein wesentliches Element des Gemeindeaufbaus zu verstehen und im Gemeindeaufbau-Konzept als solches verankert. Wenn der sonntägliche Gottesdienst als der zentrale Ort gilt, an dem die Gemeindemitglieder aus den unterschiedlichen Generationen, Interessengruppen, Gemeindegruppen zusammentreffen und die Möglichkeit der Kommunikation wahrnehmen können, dann ergibt sich daraus, dass der Gemeindeaufbau hier ansetzt.

Die Kommunikation zwischen den Generationen soll initiiert und gefördert werden. Die Jugendlichen sollen als vollwertige Gemeindemitglieder der Gemeinde vorgestellt werden: Jugendliche haben etwas zu sagen und zum Gemeindeleben beizutragen und sind deswegen ernstzunehmen. Die Arbeit und die Inhalte des Konfirmandenunterrichts und in den Jugendgruppen sollen der Gemeinde gegenüber transparent gemacht werden: Die Gemeinde soll wissen, was in ihren Reihen gedacht, gefragt, diskutiert, empfunden wird. Sie kann den Beitrag der Jugendlichen als Bereicherung erleben.

Die Gottesdienste mit Jugendlichen sind als festes Element des Konfirmandenunterrichts und der Arbeit in den Jugendgruppen verankert. Ihre Vorbereitung und Gestaltung bilden jeweils den Abschluss einer Unterrichtseinheit bzw. einer thematischen Einheit und bieten die Gelegenheit, sich mit den biblischen Inhalten und Lebensfragen intensiv zu befassen.

Nicht zuletzt: Spass muss es machen, auch in der Kirche. Die Jugendlichen haben mehr Spass an den Gottesdiensten, wenn sie selbst etwas gestalten und beitragen, wenn sie selbst zu Wort kommen und auch einmal „bestimmen" können.

2. Konsequenzen für die Gestaltung der Gottesdienste mit Jugendlichen

Die Gottesdienste mit Jugendlichen sollten im Gottesdienstplan der Gemeinde und im Konfirmandenunterricht bzw. in der Jugendgruppenarbeit fest eingeplant sein. Dem Presbyterium als gemeindeleitendes Gremium und den Beteiligten muss also von vornherein bekannt sein, dass und wann diese Gottesdienste stattfinden. Die inhaltliche sowie die formale Begründung als Element des Gemeindelebens muss transparent gemacht werden. Die Jugendlichen haben die zentrale Rolle bei der Gestaltung der Gottesdienste. Das bedeutet auch, dass die Jugendlichen als Team den Gottesdienst planen und dessen Inhalte festlegen. Die Gestaltung der Gottesdienste orientiert sich an der Gottesdienstordnung der Gemeinde. Gleichzeitig wird mit den Elementen der Gottesdienstordnung „frei gespielt", sie werden in ihrer Form (nicht in ihrer Funktion) variiert und verändert. Texte, Lieder und Gebete stehen in einem thematischen Zusammenhang zueinander und im Zusammenhang mit den jeweiligen Inhalten des Konfirmandenunterrichts bzw. der Jugendgruppenarbeit.

Für die Vorbereitungsgespräche sowie die Gesprächsgottesdienste sollten Kommunikationsregeln vereinbart werden: Die Jugendlichen dürfen nicht zu Äußerungen gezwungen werden; dies gilt insbesondere für Befindlichkeits- und Gefühlsäußerungen oder andere intime Statements und Bekenntnisse. Gefühlsäußerungen dürfen nicht kommentiert werden. Der Umgang mit dem Thema muss so gestaltet sein, dass ein Klima der Offenheit, des Wohlwollens und der Freundlichkeit herrscht. Jeder darf, niemand muss sich äußern. Jeder wird ernstgenommen. Damit erweist sich die Kirche und insbesondere der Gottesdienst als der Raum, der sich vom Alltag mit seinen Regeln abhebt und in dem Wohltuendes geschieht. Zu Beginn der Unterrichtseinheit oder der Vorbereitungen und auch im Gottesdienst kann ruhig auf entsprechende Kommunikationsregeln hingewiesen werden.

Was die Jugendlichen im Gottesdienst sagen wollen, müssen sie selbst entscheiden können. Schließlich gibt man im

Gottesdienst immer ein wenig von seiner eigenen Person in einer Öffentlichkeit preis. Der Respekt vor den Jugendlichen verlangt auch, dass die Pastorin/der Pastor die Aussagen der Jugendlichen im Gottesdienst stehen lässt und nicht etwa korrigiert, auch wenn sie ihr/ihm theologisch unbequem erscheinen. So bietet sich die Gelegenheit zu einer Auseinandersetzung mit anderen Positionen, die die Jugendlichen ernstnimmt.

Es ist sicherlich für die Jugendlichen nicht leicht, im Gottesdienst unbefangen und sicher aufzutreten. Schließlich sitzen in der Gemeinde möglicherweise die Eltern und andere Familienmitglieder, Nachbarn, Freunde und Kumpel aus der Schule. Um den Jugendlichen es ein wenig leichter zu machen, hilft möglichst häufiges Üben. Also nicht einmal vor dem Gottesdienst in die Kirche und die Texte heruntersprechen, vielleicht noch mit Stellprobe und Mikrophonprobe! Einfacher ist es für alle Beteiligten, wenn die Jugendlichen ihre Texte aufschreiben und das Ablesen üben. Im Gottesdienstraum kann man dann mehrere Proben ansetzen, damit die Jugendlichen ein Gefühl für den Raum und seine Akustik bekommen. Vor allem ist es wichtig, sich von dem Anspruch zu befreien, dass alles im Gottesdienst perfekt klappen muss. Das gelingt einem Pastor/einer Pastorin in ihren Gottesdiensten schließlich auch nicht. Also: Pannen dürfen passieren. Versprecher sind erlaubt. Auf Mikrophone sollte möglichst verzichtet werden. Nichts ist störender als ein Mikrophon, das anfängt zu pfeifen oder das immer wieder ausfällt. Als lästig empfinden die Gottesdienstteilnehmer und die Jugendlichen, die „vorne stehen" auch, wenn ein Mikrophon immer weitergereicht werden muss. Schöner ist es, wenn die Jugendlichen mit der Zeit lernen, sich deutlich zu artikulieren, und damit verständlicher werden, und wenn sie sich vielleicht im Gottesdienstraum verteilen und damit die akustischen Wege verkürzen. In einem Gottesdienst muss ja nicht immer „von vorn" gesprochen werden. Auf diese Weise kann eine gewisse Steifheit vermieden werden und Bewegung entstehen, die den Jugendlichen sicherlich mehr entspricht. Übrigens stellt sich, wenn die Jugendlichen öfter Gottesdienste in der Gemeinde gestalten, eine gewisse Routine ein, wodurch sie in der Vorbereitung und im Gottesdienst selbst sich immer freier und selbstständiger bewegen.

Die Texte der Jugendlichen sollten von ihnen selbst verfasst sein. Sprechen sie im Gottesdienst ihre eigene Sprache, verleiht ihnen das mehr Authentizität und Sicherheit. Die Texte müssen nicht immer ausgefeilt sein, eine Korrektur von Seiten des Pastors/der Pastorin ist in den allerseltensten Fällen nötig. Zur Gestaltung des Gottesdienstes sollten alle Möglichkeiten, die die Gruppe zu bieten hat und bieten möchte, einbezogen werden. Musikalische, künstlerisch-gestaltende, darstellende Fähigkeiten können wohldosiert einen Gottesdienst bereichern. Natürlich ist darauf zu achten, dass ein Gottesdienst mit Jugendlichen und für Jugendliche kein Happening oder Event ist. Es geht auch den Jugendlichen bei einer Gottesdienstgestaltung durchaus ernsthaft um Glaubensfragen. Aber es gibt für sie eben mehr Mittel der Auseinandersetzung als nur das gesprochene Wort.

Schließlich soll noch auf eines hingewiesen werden, das immer wieder vergessen wird: Am Ende eines Gottesdienstes sollte die Pastorin/der Pastor sich bei den Jugendlichen, die an der Vorbereitung und am Gottesdienst selbst beteiligt waren, in der Gemeindeöffentlichkeit bedanken. Das ist nicht nur die Erledigung einer Höflichkeitspflicht, sondern zeigt den Jugendlichen und auch der Gemeinde, dass der Beitrag der Jugendlichen zum Gemeindeleben wertzuschätzen ist und ernst genommen wird.

3. Ergebnis für den Konfirmandenunterricht

Eine Unterrichtseinheit kann durch einen Gottesdienst abgeschlossen werden. Die Einheit wird inhaltlich zusammengefasst und wichtige Aussagen werden auf den Punkt gebracht. Die Jugendlichen bereiten die Gottesdienste jeweils in Kleingruppen (zu dritt oder zu viert) vor und übernehmen die Verantwortung für die Gestaltung ihres Gottesdienstes. Sie lernen in der Gruppe zusammenzuarbeiten, Absprachen zu treffen und einzuhalten, Verantwortung für ihr Handeln zu übernehmen. Sie werden an Gottesdienst und Gemeinde herangeführt, indem sie einen aktiven Part übernehmen und nicht nur „konsumieren" oder eine Teilnahmepflicht „absitzen". Sie lernen etwas über den Aufbau und die Funktion des Gottesdienstes in der Gemeinde. Außerdem setzen sie sich mit dem Unterrichtsinhalt in einer neuen, komprimierten Weise auseinander, indem sie die Texte und Gebete formulieren, dabei inhaltliche Schwerpunkte setzen und Lieder sowie Gestaltungselemente (z.B. Raumschmuck und Sitzordnung) auswählen. Nicht zuletzt besteht die Möglichkeit, durch die intensive Arbeit an dem Gottesdienst eine Festigung der Inhalte des Konfirmandenunterrichts zu erzielen.

4. Ergebnis für den Gemeindeaufbau

Die Gemeinde nimmt die Jugendlichen als einen Teil ihrer selbst wahr. Sie wird mit neuen Aussagen, einer neuen Perspektive auf Glaubens- und Lebensfragen konfrontiert. Unsere Erfahrung war, dass gerade diejenigen, die den Gottesdienst regelmäßig besuchten, über diese Denkanstöße froh waren und diese als Bereicherung empfanden. Jugendliche gewinnen durch ihre Beteiligung am Gottesdienst einen Zugang zur Gemeinde, die Gemeinde gewinnt die Erfahrung, dass an altbekannte Themen und Fragen neu oder anders herangegangen werden kann. Auf diese Weise kann eine fruchtbare Kommunikation zwischen den Generationen entstehen, in der sich Verständnis füreinander entwickeln kann. Dies kann dazu beitragen, dass eine Gemeinde zusammenwächst oder zumindest der Zusammenhalt der Gemeinde gefördert wird.

Gottesdienste mit Jugendlichen können für das Gemeindeleben neue Impulse geben. Es werden nicht nur die Jugendlichen angesprochen, sondern auch andere Gemeindemitglieder, die sonst für Gottesdienste oder andere

Gemeindeaktivitäten nur schwer erreichbar sind – beispielsweise das „Mittelalter", die Generation der Eltern der Kinder und Jugendlichen. Sie sind oft durch „neue" Gottesdienstformen leichter anzusprechen.

5. Worum es in diesem Buch gehen soll

In diesem Buch werden Gottesdienste vorgestellt, die mit Jugendlichen gemeinsam gestaltet und gefeiert werden. Diese Gottesdienste sind in der Regel Gemeindegottesdienste, die im „normalen" Sonntagsgottesdienstplan eingeplant werden können. Es soll dargestellt werden, wie diese Gottesdienste ablaufen können und welche Vorüberlegungen und Vorarbeiten dazu nötig sind. Dabei soll auch deutlich werden, wie Themen und Inhalte sowie verschiedene Gottesdienstformen aus der Arbeit im Konfirmandenunterricht und in Jugendgruppen entstehen können.

Die Gottesdienste

1 | *Psalmen*
Farben geben Gefühle wieder

Mit dem Thema „Psalmen – Farben geben Gefühle wieder" wird ein sehr persönlicher Zugang zu den Psalmen eröffnet. Damit wird einerseits vorausgesetzt, dass die Psalmen selbst persönlich formulierte Texte sind, andererseits aber auch, dass diese mich direkt ansprechen und angehen können. Genau dies ist der Grund, warum die Psalmen in der Arbeit mit Jugendlichen so wertvoll sind.

Im Konfirmandenunterricht war diese Einheit als Hinführung zur Beschäftigung mit Psalmtexten gedacht. Bevor der Gottesdienst stattfand, wurde dieses Thema in jeweils abgewandelter Form auch im Kindergottesdienst, in einem Bibelkreis, im Seniorinnen-Treff und in einem Frauenseminar behandelt sowie in einer Andacht im Presbyterium vorgestellt. Diese Gruppen wurden ausdrücklich zum Gottesdienst der Konfirmanden/innen eingeladen. Die Vorbereitung auf den Gottesdienst stand also auf einer breiten Basis.

Die Vorbereitungen

Zum Einstieg in das Thema haben die Konfirmanden die Aufgabe, in Einzelarbeit DIN-A2-Plakate herzustellen. Mit Wasserfarben sollen sie Farbfelder malen, die Gefühle darstellen sollen. So entstehen individuelle Farbkombinationen, die Gefühle zeigen. Hinterher wird jedes Bild vorgestellt und erläutert: Welche Farbe zeigt welches Gefühl? Welche Gefühlslagen habe ich mit welchen Farben dargestellt? Was verbinde ich mit welchen Farben? Die Bilder werden mit Titeln versehen.

17

In einem zweiten Schritt werden Zitate aus den Psalmen, die als Textblatt zur Verfügung stehen, Farben oder Farbkombinationen zugeordnet. Jede/r Konfirmand/in sucht sich einen „Psalm-Schnipsel" aus, den er/sie zu seinem/ihrem Bild als besonders passend empfindet. Schließlich werden kurze Texte verfasst, die eine Verbindung von Psalm-Zitat und Bild beschreiben. Die verwendeten Zitate bleiben „Psalm-Schnipsel", es werden keine textlichen oder historischen Zusammenhänge thematisiert. Mit den Schnipseln soll frei gespielt werden. Denkbar ist auch, dass einige Konfirmanden zu den Schnipseln kurze Gebetsanliegen formulieren.

Gemeinsam suchen die Konfirmanden/innen 4 Bilder aus, die im Gottesdienst mit den dazugehörigen „Psalm-Schnipseln" und Texten vorgestellt werden. Die „Autoren/innen" müssen natürlich um Erlaubnis gefragt werden.

Eine Gruppe von drei bis vier Jugendlichen bereitet die Einzelheiten des Gottesdienstes vor. Sie legt den Ablauf des Gottesdienstes fest und sucht die Lieder aus. Im Anschluss an ausgesuchte „Psalm-Schnipsel" werden Gebete formuliert. Wenn im Konfirmandenunterricht Gebetsanliegen formuliert worden sind, werden diese mit den dazugehörigen Psalm-Zitaten verwendet. Außerdem verfasst die Gruppe einen Text, in dem die wichtigsten Gedanken aus dem Unterricht aufgenommen und eventuell weitergeführt werden.

Die Bilder und Texte, die im Gottesdienst nicht zu Wort kommen, werden im Gottesdienstraum ausgestellt. Bevor der Gottesdienst beginnt, sollte für die Gottesdienstteilnehmer/innen die Möglichkeit bestehen, die Ausstellung anzusehen und sich so auf das Thema einzustimmen.

Die Pastorin stellt in der Vorbereitungsgruppe Beispiele und Ergebnisse aus den anderen Gruppen, mit denen sie das Thema behandelt hatte, vor und bespricht mit den Jugendlichen, wie diese im Gottesdienst aufgenommen werden können. Denkbar ist hier auch, dass Vertreterinnen der anderen Gruppen an der Vorbereitung teilnehmen und/oder ihre Beispiele selbst im Gottesdienst vortragen. Die Zusammenführung der einzelnen Beiträge kann auch durch eine Predigt geschehen, die eventuell mit Beteiligung der

Jugendlichen von der Pastorin gehalten wird. In diesem Fall wurden die Ergebnisse aus den anderen Gruppen in die Ausstellung eingefügt.

Die Jugendlichen in der Konfirmandengruppe hatten sich ausdrücklich gewünscht, dass es im Gottesdienst möglich sei, dass die Gottesdienstbesucher/innen sich zu dem, was zu sehen und zu hören ist, äußern und darüber miteinander sprechen können. Die Moderation des Gesprächs übernahm die Pastorin.

Material

Weiße Tonpappen in Größe DIN-A4
Wasserfarben und Pinsel
Liste mit den Psalmen-Zitaten

Ablauf des Gottesdienstes

ORGEL

EINGANG/BEGRÜSSUNG
● Pastorin

> Unser Anfang und unsere Hilfe
> stehen im Namen des Herrn,
> der Himmel und Erde geschaffen hat,
> der Wort uns Treue hält ewiglich
> und nicht preisgibt das Werk seiner Hände. Amen.

Liebe Gemeinde, wir begrüßen Sie herzlich zu unserem heutigen Gottesdienst, den die Konfirmanden und Konfirmandinnen *(Namen der Jugendlichen nennen)* vorbereitet haben. Um Gefühle soll es gehen, um Farben und um Psalmen. Wenn Sie sich in der Kirche umsehen, dann werden Sie Kunstwerke entdecken, die in unserem Konfirmandenunterricht entstanden sind. Und Kunstwerke aus dem Kindergottesdienst, dem Bibelkreis, dem Seniorinnen-Treff und dem Frauenseminar sind dort auch zu sehen. Gleichzeitig können Sie viele Psalmenworte lesen; manche werden Ihnen bekannt vorkommen, manche werden Ihnen unbekannt erscheinen. Wir haben einen Weg zu den Psalmen gefunden und möchten, dass Sie heute diesen Weg mit uns gehen, um die Psalmen zu entdecken.

LIED 455,1–3
Morgenlicht leuchtet (EG)

PSALM 8
◼ Konfirmanden lesen im Wechsel mit der Gemeinde

GEBET

● Pastorin

Herr, Unser Gott, wie herrlich ist dein Name in allen Landen, der du zeigst deine Hoheit am Himmel!

Unsere Sorgen, aber auch unsere Freude darüber, dass du uns zu deiner Gemeinde zusammenrufst, unsere Ängste, aber auch das Gefühl, dass du bei uns bist und deine Hand schützend über uns hältst, alles das bringen wir mit, wenn wir uns versammeln, um Gottesdienst zu feiern.

Wir bitten dich, sei bei uns mit deinem Geist, der uns zu einer Gemeinschaft zusammenführt.

Herr, unser Gott, wie herrlich ist dein Name in allen Landen. Amen.

LIED 302,1–3.8
Du meine Seele singe, wohlauf und singe schön (EG)

⬤ Pastorin

Liebe Gemeinde, im Konfirmandenunterricht haben wir versucht, mit Farben Gefühle darzustellen. Eine kleine Auswahl der Bilder, die dabei entstanden sind, stellen diese vier Jugendlichen Ihnen nun vor.

🔲 *Ein Konfirmand stellt das Bild, das er ausgesucht hat, vor, indem er die Farben und Farbkombinationen beschreibt und erläutert, welche Gefühle der Maler/die Malerin damit verbindet. Zum Abschluss liest er den Psalmvers, den der Maler/die Malerin dazu ausgesucht hat, vor. Bei den anderen Bildern wird genauso vorgegangen. Im Folgenden werden jetzt nur die zentrale Aussage zu dem jeweiligen Bild und das dazugehörige Psalmenzitat als Beispiele genannt, weil diese in der Predigt aufgenommen werden.*

1. Bild: Das „Himmel-Gefühl" wird mit vielen verschiedenen Blautönen wiedergegeben und wird als ein Gefühl der Freiheit und Weite beschrieben. Dazu ist aus dem Psalm 19 der Vers 2 zu hören: *Die Himmel erzählen die Ehre Gottes, und die Feste verkündigt seiner Hände Werk.*

2. Bild: Dieses Bild zeigt verschiedene Farben und Gefühle, negative wie positive. Die Malerin hat ihrem Bild den Titel „Ich fühle mich mal gut, mal schlecht" gegeben. Dazu hat sie Psalm 139,5 ausgewählt: *Von allen Seiten umgibst du mich und hältst deine Hand über mir.*

3. Bild: Der Maler dieses Bildes hat die Farben des Waldes, seines Lieblingsaufenthaltortes, gemalt. Die verschiedenen Braun- und Grüntöne geben sein Gefühl der Geborgenheit und des Wohlbefindens wieder. Sein Vers aus dem 1. Psalm lautet: *Der ist wie ein Baum, gepflanzt an den Wasserbächen, der seine Frucht bringt zu seiner Zeit, und seine Blätter verwelken nicht.*

4. Bild: Das Bild heißt: „Das Gras-Gefühl". Es ist überwiegend in unterschiedlichsten Grünschattierungen gehalten. Der Konfirmand, der dieses Bild gemalt hat, fühlt sich nach seiner Aussage besonders wohl, wenn er im Gras liegt, in den Himmel sieht und um sich herum „alles summen und brummen" hört. Dazu passt für ihn Psalm 4,9: *Ich liege und schlafe ganz im Frieden; denn allein du, Herr, hilfst mir, dass ich sicher wohne.*

● *Nach dieser Vorstellung haben die Gemeindemitglieder die Möglichkeit, sich dazu zu äußern. Die Pastorin leitet dieses Gespräch und achtet gegebenenfalls auf die Einhaltung der „Kommunikationsregeln" (s. Einleitung).*

Liebe Gemeinde, wir haben nun einiges zu sehen und zu hören bekommen. Sicherlich sind Sie über manche Gedanken erstaunt, vielleicht auch irritiert. Sie haben jetzt die Gelegenheit, etwas dazu zu sagen, zu fragen oder anzumerken.

GESPRÄCH

LIED 316,1
Lobe den Herren, den mächtigen König der Ehren (EG)

PREDIGT

● Pastorin

Liebe Gemeinde, „die Psalmen, die sind doch schon uralt, damit können wir gar nichts mehr anfangen". „Die Psalmen sind irgendwie komisch, die können wir heute gar nicht mehr verstehen." „Die haben so eine merkwürdige Sprache." Das sind ein paar Reaktionen der Konfirmanden gewesen, die ich erhalten habe, als ich unser Thema „Psalmen" im Konfirmandenunterricht einführte. Und in der Tat sind diese Äußerungen ja verständlich, denn wie in den Psalmen zum Teil gesprochen wird, so spricht heute kein Mensch mehr.

Wer sagt noch: „Die Feste verkündigt seiner Hände Werk" oder „der ist wie ein Baum, gepflanzt an den Wasserbächen"? Und uralt sind die Psalmen auch, das stimmt natürlich. Aber reden sie auch von uralten Dingen, die uns heute nicht mehr interessieren? Und was an ihnen mag den Konfirmanden „irgendwie komisch" vorkommen? Vielleicht, dass sich in den Psalmen Menschen so direkt und teilweise unverblümt an Gott wenden, ihm sozusagen direkt ins Gesicht sagen, wie es ihnen geht, was sie von ihm erwarten, sogar, was er tun soll, damit es ihnen wieder besser geht? Oder dass sie ihm in ziemlich drastischer Weise ihr Leid klagen und dann wieder doch das Gotteslob anstimmen? Oder dass sie Gott direkt anklagen: Warum hast du mich verlassen?

In den Psalmen sind Menschen im Gespräch mit Gott. Sie vertrauen darauf, dass er für sie erreichbar ist, auch gegen allen Anschein. Sie erwarten von ihm alles, besonders dann, wenn ihre Lage so aussichtslos ist, dass von niemanden mehr Hilfe zu erwarten ist. Und sie geben ihrer Freude über Gott und seine Wohltaten Ausdruck, so überschwänglich, dass ihnen fast die Worte fehlen, jedenfalls in der Alltagssprache. Dann geht es nur feierlich und in Bildern. Zweifel und Gewissheit, Angst und Freude, Verzweiflung und Hoffnung, das Gefühl der Ausweglosigkeit und das Gefühl des Gerettetseins, all das hat in den Psalmen seinen Ort, kann so ausgesprochen werden. Und das ist das Besondere an diesen uralten, komischen, merkwürdig klingenden Psalmen: Es gilt nicht nur in früheren Zeiten. Die Psalmen können heute noch aktuell sein. Man kann sie heute noch verstehen, kann sie heute noch sprechen. Das haben wir im Konfirmandenunterricht gemerkt. Mit unseren Gefühl-Bildern haben wir unsere Gefühle anders ausgedrückt, als wir es sonst gewohnt sind. Nicht: „Ich fühle mich richtig klasse", sondern: Grün – das Gras-Gefühl und: *Ich liege und schlafe ganz im Frieden; denn allein du, Herr, hilfst mir, dass ich sicher wohne.* Frieden und Sicherheit, dieses Gefühl verbindet sich mit dem Liegen auf einer Wiese, „wo niemand stört, wo ich mich ganz meinen Gedanken hingeben kann und Ruhe finde", wie N.N. uns vorhin erzählt hat. Auch das „Wald-Gefühl"-Bild vermittelt dieses Gefühl der Sicherheit und Geborgenheit, das offensichtlich einem helfen kann, eine Orientierung zu gewinnen und das Leben sinnvoll zu gestalten. Denn wenn man sich geborgen fühlt und weiß, „wo es für mich lang geht", wie N.N. es ausdrückte, dann ist man *wie ein Baum, gepflanzt an den Wasserbächen, der seine Frucht bringt zu seiner Zeit, und seine Blätter verwelken nicht.*

Auch schwierige Gefühlslagen, das Wechselbad der Gefühle oder so ein uneindeutiges Gefühl, „so unbeschreibbar", wie N.N. schilderte und in ihrem sehr bunten Farbenbild darstellte, kennen wir alle und kannten sicherlich auch die Menschen in den Psalmen. In solchen Situationen hilft einem dann die Hoffnung, dass Gott für einen da ist: *Von allen Seiten umgibst du mich und hältst deine Hand über mir.*

Und schließlich das „Himmel-Bild". In diesem Blau steckt so viel Weite, Unbegrenztheit, Freiheit. Für N.N. ist das ein erhabenes Gefühl, und sie glaubt, dass derjenige, der ihren Psalmvers ausgesprochen hat, vielleicht selbst in den unendlich weiten Himmel geblickt hat und so gefühlt hat: *Die Himmel erzählen die Ehre Gottes, und die Feste verkündigt seiner Hände Werk.*

Das Schöne an diesen Psalmen ist, dass jeder Mensch sich in ihnen finden kann, mit seiner je eigenen Gefühlslage, mit seiner Lebenssituation, mit seinen Erlebnissen und Erfahrungen. Das haben auch die Konfirmanden entdeckt: Es gab kein Richtig oder Falsch bei ihren Interpretationen. Wenn es für mich stimmt, dann ist es für mich richtig. Und noch eine Entdeckung haben wir gemacht: Die Menschen in den Psalmen hatten ihre Probleme, waren traurig, ängstlich, verzweifelt oder orientierungslos. Sie hatten Hoffnungen, freuten sich, waren froh über das, was in ihrem Leben geschah, dankbar. Egal, wie sie sich fühlten, wie sie lebten, was ihnen geschah, sie hatten das Vertrauen zu Gott, dass er ihnen zuhört, ihnen hilft, sie errettet, sie in ihrem Leben begleitet, sie beschützt. Sie fühlten sich von Gott angenommen, und sie gaben ihm ihre Dankbarkeit, ihre Verehrung mit ihren Worten wieder. Das war für uns das Neue an diesen uralten Psalmen, und eigentlich ist es das Immer-wieder-Neue, das wir erfahren können: Gott ist bei uns mit seinem Segen und seinem Schutz, ganz gleich, wo wir sind, wie wir uns fühlen, wohin unser Weg geht. Und dafür sollten wir ihm die Ehre erweisen: *Die Himmel erzählen die Ehre Gottes, und die Feste verkündigt seiner Hände Werk.* Amen.

Lied 316,2–5

Abkündigungen

Fürbittengebet

◼ Konfirmanden im Wechsel

Herr, deine Güte reicht, so weit der Himmel ist, und deine Wahrheit, so weit die Wolken gehen.

Herr, unser Gott, wir vertrauen dir. Deswegen wenden wir uns an dich mit unserem Gebet.

Wir bitten dich für alle, denen das Vertrauen in dich verloren gegangen ist, zeige ihnen, dass du für sie da bist.

Wir bitten dich für alle Menschen, denen es schlecht geht und die krank sind, lass sie nicht allein und hilf ihnen, dass es ihnen wieder besser geht.

Wir bitten dich für alle, die verfolgt werden und nicht in Frieden in ihren Heimatländern leben können, sei für sie da und schütze sie vor ihren Feinden.

Wir bitten dich für alle, die einsam und verbittert sind, gib ihnen Menschen, denen sie vertrauen können.

Wir bitten dich für alle Menschen, die keine Orientierung für ihr Leben haben und denen alles sinnlos erscheint, begleite sie auf ihrem Weg und zeige ihnen, dass ihr Leben einen Sinn hat.

Herr, deine Güte reicht, so weit der Himmel ist, und deine Wahrheit, so weit die Wolken gehen.
Wir vertrauen dir, und deswegen beten wir zu dir:

UNSER VATER

SEGEN

● Pastorin

Der Herr segne und behüte uns.
Er lasse sein Angesicht leuchten über uns und sei uns gnädig.
Er erhebe sein Angesicht auf uns und schenke uns Frieden. Amen.

LIED 172
Sende dein Licht (EG)

ORGEL

Liste mit Psalmen-Zitaten für die Gottesdienste
„Psalmen – Farben geben Gefühle wieder"
und „Psalmen – Bilder sprechen"

Ps 1,3   Der [Gerechte] ist wie ein Baum, gepflanzt an den Wasserbächen, der seine Frucht bringt zu seiner Zeit, und seine Blätter verwelken nicht.

Ps 1,4   Aber so sind die Gottlosen nicht, sondern wie Spreu, die der Wind zerstreut.

Ps 1,6   Der HERR kennt den Weg der Gerechten, aber der Gottlosen Weg vergeht.

Ps 4,9   Ich liege und schlafe ganz mit Frieden; denn allein du, HERR, hilfst mir, dass ich sicher wohne.

Ps 7,2.3   Auf dich, HERR, mein Gott, traue ich! Hilf mir von allen meinen Verfolgern und errette mich, (3) dass sie nicht wie Löwen mich packen und zerreißen, weil kein Retter da ist.

Ps 9,16   Die Heiden sind versunken in der Grube, die sie gegraben, ihr Fuß ist gefangen im Netz, das sie gestellt hatten.

Ps 11,6   [Der HERR] wird regnen lassen über die Gottlosen Feuer und Schwefel und Glutwind ihnen zum Lohne geben.

Ps 12,7   Die Worte des HERRN sind lauter wie Silber, im Tiegel geschmolzen, geläutert siebenmal.

Ps 13,6   Ich aber traue darauf, dass du so gnädig bist; mein Herz freut sich, dass du so gerne hilfst. Ich will dem HERRN singen, dass er so wohl an mir tut.

Ps 16,11   Du tust mir kund den Weg zum Leben: Vor dir ist Freude die Fülle und Wonne zu deiner Rechten ewiglich.

Ps 17,8   Behüte mich wie einen Augapfel im Auge, beschirme mich unter dem Schatten deiner Flügel.

Ps 18,2.3   Herzlich lieb habe ich dich, HERR, meine Stärke! (3) HERR, mein Fels, meine Burg, mein Erretter; mein Gott, mein Hort, auf den ich traue, mein Schild und Berg meines Heiles und mein Schutz!

Ps 19,2   Die Himmel erzählen die Ehre Gottes, und die Feste verkündigt seiner Hände Werk.

Ps 22,2   Mein Gott, mein Gott, warum hast du mich verlassen?

Ps 22,13–18   Gewaltige Stiere haben mich umgeben, mächtige Büffel habe mich umringt.
(14) Ihren Rachen sperren sie gegen mich auf wie ein brüllender und reißender Löwe.
(15) Ich bin wie ausgeschüttetes Wasser [, alle meine Knochen haben sich voneinander gelöst; mein Herz ist in meinem Leibe wie zerschmolzenes Wachs.]
(16) Meine Kräfte sind vertrocknet wie eine Scherbe, und meine Zunge klebt mir am Gaumen, und du legst mich in des Todes Staub.
(17) Denn Hunde haben mich umgeben, und der Bösen Rotte hat mich umringt[; sie haben meine Hände und Füße durchgraben].
(18) Ich kann alle meine Knochen zählen; sie aber schauen zu und sehen auf mich herab.

Ps 23,1.2 Der HERR ist mein Hirte, mir wird nichts mangeln.
(2) Er weidet mich auf einer grünen Aue und führet mich zum frischen Wasser.

Ps 24,7 Machet die Tore weit und die Türen in der Welt hoch, dass der König der Ehre einziehe!

Ps 26,2 Prüfe mich; HERR, und erprobe mich, erforsche meine Nieren und mein Herz!

Ps 27,1 Der HERR ist mein Licht und mein Heil; vor wem sollte ich mich fürchten? Der HERR ist meines Lebens Kraft; vor wem sollte mir grauen?

Ps 31,6 In deine Hände befehle ich meinen Geist; du hast mich erlöst, HERR, du treuer Gott.

Ps 34,9 Schmecket und sehet, wie freundlich der HERR ist. Wohl dem, der auf ihn trauet!

Ps 36,6 HERR, deine Güte reicht, so weit der Himmel ist, und deine Wahrheit, so weit die Wolken gehen.

Ps 36,10 Denn bei dir ist die Quelle des Lebens, und in deinem Lichte sehen wir das Licht.

Ps 37,5.6 Befiehl dem HERRN deine Wege und hoffe auf ihn, er wird's wohlmachen
(6) und wird deine Gerechtigkeit heraufführen wie das Licht und dein Recht wie den Mittag.

Ps 37,7 Sei stille dem HERRN und warte auf ihn.

Ps 42,2.3 Wie der Hirsch lechzt nach frischem Wasser, so schreit meine Seele, Gott, zu dir.

(3) Meine Seele dürstet nach Gott, nach dem lebendigen Gott. Wann werde ich dahin kommen, dass ich Gottes Angesicht schaue?

Ps 57,9 Wach auf, meine Seele, wach auf, Psalter und Harfe, ich will das Morgenrot wecken!

Ps 63,2 Gott, du bist mein Gott, den ich suche. Es dürstet meine Seele nach dir, mein ganzer Mensch verlangt nach dir aus trockenem, dürrem Land, wo kein Wasser ist.

Ps 69,2–4 Gott, hilf mir! Denn das Wasser geht mir bis an die Kehle.
(3) Ich versinke in tiefem Schlamm, wo kein Grund ist; ich bin in tiefe Wasser geraten, und die Flut will mich ersäufen.
(4) Ich habe mich müde geschrien, mein Hals ist heiser. Meine Augen sind trübe geworden, weil ich so lange harren muss auf meinen Gott.

Ps 91,1–2 Wer unter dem Schirm des Höchsten sitzt und unter dem Schatten des Allmächtigen bleibt,
(2) der spricht zu dem HERRN: Meine Zuversicht und meine Burg, mein Gott, auf den ich hoffe.

Ps 91,11–12 Denn er hat seinen Engeln befohlen, dass sie dich behüten auf allen deinen Wegen, (12) dass sie dich auf den Händen tragen und du deinen Fuß nicht an einen Stein stoßest.

Ps 103,11–13 Denn so hoch der Himmel über der Erde ist, lässt er seine Gnade walten über denen, die ihn fürchten.
(12) So fern der Morgen ist vom Abend, lässt er unsere Übertretungen von uns sein.

(13) Wie sich ein Vater über Kinder erbarmt, so erbarmt sich der HERR über die, die ihn fürchten.

Ps 104,2   Licht ist dein Kleid, das du anhast.

Ps 119,105 Dein Wort ist meines Fußes Leuchte und ein Licht auf meinem Wege.

Ps 133,1 Siehe, wie fein und lieblich ist es, wenn Brüder einträchtig beieinander wohnen!

Ps 139,5 Von allen Seiten umgibst du mich und hältst deine Hand über mir.

Ps 139,9–10 Nähme ich Flügel der Morgenröte und bliebe am äußersten Meer, (10) so würde auch dort deine Hand mich führen und deine Rechte mich halten.

Ps 145,15–18 Aller Augen warten auf dich, und du gibst ihnen ihre Speise zur rechten Zeit.
(16) Du tust deine Hand auf und sättigst alles, was lebt, nach deinem Wohlgefallen.
(17) Der HERR ist gerecht in allen seinen Wegen und gnädig in allen seinen Werken.
(18) Der HERR ist nahe allen, die ihn anrufen, allen, die ihn ernstlich anrufen.

2 | *Psalmen*
Bilder sprechen

Bei der Beschäftigung mit dem Thema „Psalmen – Farben geben Gefühle wieder" ist zu entdecken, dass in den Psalmen viele Sprachbilder zu finden sind. Auf dieser Ebene kann man sich mit den Psalmen noch einmal eingehend befassen. Der Gottesdienst, der daraus entstehen kann, knüpft an das vorhergehende Thema an, kann aber inhaltlich noch einmal einen anderen Akzent setzen. Der vorliegende Vorschlag für eine Gottesdienstgestaltung hat seinen Schwerpunkt auf der Klage bzw. der Bitte um Schutz und Bewahrung und ist aus Elementen eines Gottesdienstes mit Konfirmanden entstanden.

Die Vorbereitungen

Die Vorarbeiten finden in Kleingruppen zu je 3–4 Jugendlichen statt. Als Material stehen die „Psalm-Schnipsel" aus der vorherigen Unterrichtseinheit zur Verfügung. Jede Gruppe sucht sich ein Sprachbild aus, das sie bearbeiten will. Das Gruppengespräch über dieses Sprachbild orientiert sich an folgenden Leitfragen: Welche Stimmungen und Gefühle werden ausgedrückt? Welche Erfahrungen und Erlebnisse können hinter dem Bild stehen? Kennen wir Vergleichbares aus eigenem Erleben, das man in einem solchen Bild ausdrücken könnte? Die Gesprächsergebnisse werden notiert.

Im Plenum werden die ersten Gruppenergebnisse mitgeteilt. Es wird diskutiert, wie diese Ergebnisse in einem Gemeindegottesdienst eingebracht werden könnten: Die „Psalm-Schnipsel" können im Gottesdienst vorgestellt werden; Texte können zu diesen Psalm-Schnipseln erstellt und im Gottesdienst vorgelesen werden; eigene Bilder können gefunden und gemalt oder/und als Sprachbilder formuliert werden; Gebetsanliegen können in Anlehnung an diese Psalmausschnitte formuliert werden.

Aus jeder Gruppe wird ein/e Sprecher/in gewählt. Die Sprecher/innen bilden die Gottesdienstvorbereitungsgruppe. In den Gruppen werden Ideen gesammelt zu Texten und Sprachbildern. So können die Gruppen sich entscheiden, Bilder anzufertigen, die sie im Gottesdienst zeigen wollen: ein großes gemaltes Bild und eine Collage aus Fotos (aus Zeitschriften und privaten Beständen), die Jugendliche in verschiedenen Situationen zeigen. Andere Gruppen entscheiden sich für Texte. Auch Möglichkeiten von musikalischen Bildern und pantomimischen Darstellungen bzw. „Standbildern" sollten in Erwägung gezogen werden. Die Sprecher sammeln alle Ergebnisse für die Gottesdienstvorbereitung.

Material

Liste mit den Psalmen-Zitaten
große Pappe oder Papier
Stifte oder Wasserfarben oder Acrylfarben
Fotos, Zeitschriften

Ablauf des Gottesdienstes

ORGEL

EINGANG/BEGRÜSSUNG

● Pastorin

Liebe Gemeinde, wir begrüßen Sie zu unserem Gottesdienst, den wir, die Konfirmanden *(Namen)* und ich zusammen vorbereitet haben. Wir haben im Unterricht

34

das Psalmen-Thema noch einmal aufgegriffen, weil wir das Gefühl hatten, dass dazu noch mehr zu sagen ist. Darum werden wir uns heute im Gottesdienst noch einmal Psalmen hören, und wir werden hören und sehen, was die Jugendlichen zu diesen Psalmen zu sagen haben. Wir wollen diesen Gottesdienst feiern im Namen des Herrn, der Himmel und Erde geschaffen hat, der Wort und Treue hält ewiglich und nicht preisgibt das Werk seiner Hände. Amen.

LIED 440,1–4
All Morgen ist ganz frisch und neu (EG)

GEBET
▨ der Jugendlichen zu Psalm 17,8

Behüte mich wie einen Augapfel im Auge, beschirme mich unter dem Schatten deiner Flügel.

Herr, unser Gott, wir suchen Schutz bei dir, wir hoffen auf deinen Segen. Darum sind wir heute hier, weil wir dir vertrauen und weil wir glauben, dass wir alles, was uns beschäftigt und bedrückt, bei dir loswerden können. Gib uns deinen Geist, lass uns finden, was wir suchen. Amen.

LIED 184,1–5
Wir glauben Gott im höchsten Thron (EG)

EINFÜHRUNG
● Pastorin
Liebe Gemeinde, im Unterricht haben wir entdeckt, dass in den Psalmen häufig in Bildern gesprochen wird. Dadurch wird vieles anschaulich und auch aussprechbar, was die Menschen bedrückt oder beschäftigt. Wir haben uns mit diesen Sprachbildern befasst, einige davon für diesen Gottesdienst ausgesucht und versucht, diese Sprachbilder zu verstehen und für uns umzusetzen.

Eine Gruppe hat diese Foto-Collage gemacht.

▪ *Ein Jugendlicher aus der Vorbereitungsgruppe zeigt und erläutert die Collage. Die Collage zeigte in unserem Fall Fotos von Jugendlichen aus verschiedenen Ländern, auf der Straße lebend, von anderen Jugendlichen bedroht und umringt, Jugendliche mit Waffen in der Hand u.ä*

Der Titel der Collage lautet: *Denn Hunde haben mich umgeben, und der Bösen Rotte hat mich umringt* (Psalm 22,17).

Eine zweite Gruppe der Konfirmanden hat dieses Bild gemalt.

▪ *Ein Jugendlicher aus der Vorbereitungsgruppe zeigt und erläutert das Bild. Es zeigte hier eine Figur, einen Menschen, der wie Wasser zerfließt und wie eine Pfütze im Sand aussah.*

Dieses Bild heißt: *Ich bin wie ausgeschüttetes Wasser* (Psalm 22,15).

Lied 296,1–3
Ich heb mein Augen sehnlich auf (EG)

Predigtteil

▪ Texte der Konfirmanden
Zwei Jugendliche aus der Vorbereitungsgruppe lesen jeweils einen Text zu den Psalmen-Zitaten

Gott, du bist mein Gott, den ich suche. Es dürstet meine Seele nach dir, mein ganzer Mensch verlangt nach dir aus trockenem, dürrem Land, wo kein Wasser ist.

Wir haben uns diesen Vers aus dem 63. Psalm ausgesucht. Der Mensch, der hier spricht, ist anscheinend sehr verzweifelt. Er sucht nach Gott. Seine ganze Energie, fast sein Leben setzt er dafür ein, Gott zu suchen. Er fühlt sich wie in der Wüste, wo kein Wasser ist und deswegen auch kein Leben möglich ist. In der Wüste ist kein Weg zu sehen, der Mensch weiß nicht, wo er gehen soll. Er weiß nicht, in welche Richtung er gehen soll. In der Wüste ist keiner da, der ihm helfen könnte. Er ist ganz allein. Keiner hört ihn rufen. Ob Gott ihn hört? Trotzdem ruft er Gott, trotzdem sucht er ihn. Er hat also Hoffnung, dass Gott ihn hört und ihm vielleicht antwortet oder sich ihm irgendwie zeigt.

Das war es, was uns gewundert hat: Dass ein Mensch, der sich in einer völlig aussichtslosen Lage befindet, trotzdem die Hoffnung nicht aufgibt und Gott sucht, mit Leib und Seele, mit der ganzen Energie, die er noch hat.

Behüte mich wie einen Augapfel im Auge, beschirme mich unter dem Schatten deiner Flügel.

Dies ist ein Vers aus dem 17. Psalm. Auch hier spricht ein Mensch, der in einer schwierigen Lage zu sein scheint. Wenn man den ganzen Psalm liest, dann ist da von Verfolgung und ungerechter Anklage die Rede. Offensichtlich ist dieser Mensch schutzlos den Anfeindungen seiner Mitmenschen ausgesetzt. Es gibt niemanden, der ihm beisteht und der ihm zu seinem Recht verhilft. Er kann sich an niemanden wenden. Das ist eine sehr bedrohliche Situation für ihn. Deswegen wendet er sich an Gott. Er hofft, dass Gott ihm Schutz gibt.

Das Auge ist ein empfindliches Organ. Wenn es verletzt wird, kann es für immer blind sein. Man muss also gut auf das Auge aufpassen, damit es weiter funktionstüchtig ist.

Die Vogelmutter beschützt ihre Jungen, indem sie sie unter die Flügel schlüpfen lässt. Die Flügel sind dann Schutz vor Sonne und Hitze oder vor Nesträubern und anderen Feinden.

Der Mensch in diesem Psalm bittet Gott um seinen Schutz. Er fühlt sich seinen Feinden schutzlos ausgeliefert. Er fühlt sich verletzlich, er hat Angst um sein Leben. Gott ist seine letzte Hoffnung auf Rettung aus dieser ausweglosen Situation. Wenn Gott ihm nicht hilft, gibt es für ihn keine Rettung mehr. Aber er hat die Hoffnung, dass Gott ihm hilft, deswegen ruft er ihn und bittet ihn um Schutz.

Ein Jugendlicher aus der Vorbereitungsgruppe liest einen zusammenfassenden Text

Die Psalmen, die wir ausgesucht haben, sprechen von den Ängsten und bedrohlichen Situationen, in denen sich Menschen befinden können. Sie sprechen in Bildern, weil sie es anders vielleicht nicht ausdrücken können, weil die Angst so schwer auszudrücken ist. Aber irgendwie wollen sie sich verständlich machen. Diese Bilder kann sich jeder vorstellen. Sie können deutlich machen, worum es den Menschen in diesen Psalmen geht. Und die Menschen haben mit diesen Bildern die Möglichkeit, ihre Angst auszusprechen. Auch dieses Aussprechen kann einem ja schon helfen, mit der Angst umzugehen und sie wenigstens in den Griff zu bekommen, vielleicht sie sogar zu überwinden. Für uns war es wichtig, diese Texte zu verstehen und zu sehen, wie ein Mensch sich in einer solchen Lage fühlt. So können wir heute Menschen in ähnlichen Situationen vielleicht besser verstehen und ihnen helfen. Und wir können sehen, dass wir die Hoffnung nicht verlieren sollten, wenn wir uns in einer aussichtslosen Lage befinden. Wenn wir Gott vertrauen, kann uns das helfen, mit unserer Angst umzugehen und sie sogar zu überwinden. Die Menschen in den Psalmen sind ein Beispiel dafür.

LIED 296,4–8

ABKÜNDIGUNGEN

FÜRBITTE

■ die Konfirmanden aus der Vorbereitungsgruppe im Wechsel

Behüte mich wie einen Augapfel im Auge, beschirme mich unter dem Schatten deiner Flügel.

Herr, unser Gott, viele Menschen suchen Schutz,
sie brauchen deine Fürsorge:
Menschen, die verfolgt, gefangen genommen und
gefoltert werden,
Menschen, die von anderen bedroht werden,
Menschen, die jeden Tag um ihr Recht kämpfen
müssen,
Menschen, die ums Überleben kämpfen.

Gib ihnen Kraft und Mut, gib ihnen Menschen,
die ihnen helfen und sich um sie kümmern.
Hilf uns, das Richtige zu tun und Menschen zu unterstützen, die unsere Hilfe brauchen.
Hilf uns und allen Menschen, dass wir die Hoffnung
nicht verlieren, dass du für die Menschen da bist. Sei
bei uns Menschen mit deinem Geist, begleite uns und
schütze uns.

Behüte mich wie einen Augapfel im Auge, beschirme mich unter dem Schatten deiner Flügel.

Amen.

UNSER VATER

SEGEN

⬤ Pastorin

Gottes Stärke leite uns
Gottes Macht beschütze uns,
Gottes Weisheit leite uns an,
Gottes Hand beschirme uns. Amen.

LIED 170,1–4
Komm, Herr, segne uns (EG)

ORGEL

3 Amos
Gerechtigkeit und Recht

Der Gottesdienst wurde im Rahmen des Konfirmandenunterrichts vorbereitet. Thema der Unterrichtseinheit war „Recht und Gerechtigkeit – Das Buch des Propheten Amos". Die Unterrichtseinheit war auf dreimal zwei Stunden angelegt. Während des Unterrichts wurde eine Auswahl an Amos-Texten gelesen: Amos 2,6–8; 5,11–15 und 5,21–24. Der Zusammenhang des Amos-Buches sowie sein geschichtlicher Kontext wurden als Information in den Unterricht eingebracht. Die ausgewählten Texte wurden gelesen und ausführlich bearbeitet. Dazu entwickelten die Konfirmanden Szenarien, in denen sie sich vorstellten, wie die Menschen zur Zeit des Amos gelebt haben: Wie sah der Tempel aus? Wie wurde dort Gottesdienst gefeiert? Wie sah der Alltag der Armen aus? Wie sah ein Gericht aus? Was ist mit dem „Tor" gemeint? Wie wurde Recht gesprochen? Zu diesen Fragen wurden Bilder und Plakate mit kurzen Sätzen angefertigt, die Eindrücke der Konfirmanden festhalten sollten. Die Bilder zeigten z.B. das Tor, in dem Recht gesprochen wurde oder ein Festmahl der Reichen im Tempel. Auf Plakaten waren Sätze wie „Mein Name wird entheiligt!", „Es ist eine böse Zeit!" oder „Suchet das Gute und nicht das Böse!" zu lesen.

Ein Satz des Amos-Buches fiel den Konfirmanden besonders auf: „Darum muss der Kluge zu dieser Zeit schweigen; denn es ist eine böse Zeit." Warum muss der Kluge schweigen? Ist es wirklich klug, zu schweigen? Und warum schweigt Amos nicht?

Schließlich diskutierten die Konfirmanden, inwieweit die Beobachtungen und Schlussfolgerungen des Amos in unsere

Zeit übertragen werden können. Durch die Aktualisierung der Amos-Texte wurden diese für die Konfirmanden interessanter und anschaulicher. Die Äußerungen der Konfirmanden in den Unterrichtsgesprächen sind in die Texte für den Gottesdienst aufgenommen worden.

Zum Abschluss der Unterrichtseinheit wurde besprochen, welche Ergebnisse aus dem Unterricht den Konfirmanden besonders wichtig sind und im Gottesdienst vorkommen sollen: Die Bilder und Satz-Plakate sollten ausgestellt werden. Diskussionsbeiträge und –ergebnisse sollten in den Gottesdiensttexten zur Sprache kommen. Der Gottesdienst sollte wie die Unterrichtseinheit unter dem Thema „Recht und Gerechtigkeit" stehen und die Übertragung in unsere Zeit übernehmen. Eine Kleingruppe von 4 Konfirmanden erhielt die Aufgabe, diesen Gottesdienst vorzubereiten und Texte zu den drei Amos-Texten aus dem Unterricht zu formulieren. Dazu traf sich die Gruppe mit der Pastorin an einem Nachmittag (ca. 3 Stunden).

Die Vorbereitungen

Zu Beginn des Vorbereitungstreffens wurden Ideen zum Gottesdienst gesammelt und notiert *(brain storming)*. Dabei ging es sowohl um die inhaltliche Gestaltung wie auch um die Gestaltung des Kirchenraumes.

- Gottesdienstankündigung mit einem von den Konfirmanden gestalteten Plakat;
- Sitzordnung im Gottesdienst verändern (Tischgruppen, an denen nach dem Gottesdienst Kaffeetrinken und Gespräche stattfinden können);
- Ausstellung im Gottesdienstraum mit Bildern und Texten aus dem Unterricht;
- Der Ablauf des Gottesdienstes mit Liedauswahl und die Formulierung der Texte.

Material

Große Pappen oder Papierbögen für die Bilder
Papierbögen für die Texte
Wasserfarben oder Acrylfarben
dicke Filzschreiber
Ausstellungstafeln bzw. Stellwände

Ablauf des Gottesdienstes

ORGELVORSPIEL

BEGRÜSSUNG/EINGANGSVOTUM

◉ Pastorin

Liebe Gemeinde, wir, die Konfirmanden *(Namen)* und
ich, begrüßen Sie zu unserem Gottesdienst, den wir
feiern im Namen des Herrn, der Himmel und Erde
geschaffen hat, der Wort und Treue hält ewiglich und
nicht preisgibt das Werk seiner Hände. Amen.

LIED 437,1–4
Die helle Sonn leucht jetzt herfür (EG)

PSALM UND GEBET

◉ Pastorin

*Schaffet Recht dem Armen und der Waise und helft
dem Elenden und Bedürftigen zum Recht. Errettet den
Geringen und Armen und erlöst ihn aus der Gewalt der
Gottlosen.* (Ps 82,3.4)

Herr, unser Gott, wir wollen auf dein Wort hören,
darum sind wir hier. Wir wollen uns stärken für die
Aufgaben, die wir haben in unseren Familien, im
Arbeitsalltag, in der Schule, in unserer nächsten Umgebung. Dafür brauchen wir Kraft und Mut. Wir bitten

dich, sei bei uns mit deinem Segen, jetzt in unserem Gottesdienst und in unserem Alltag. Begleite uns auf unserem Weg und sei unser Schutz. Amen.

EINLEITUNG zum Thema des Gottesdienstes

● Pastorin

Liebe Gemeinde, die Konfirmanden haben für heute einen Gottesdienst vorbereitet, der sich mit dem Propheten Amos befasst. Amos war ein streitbarer Geselle, der ohne ein Blatt vor den Mund zu nehmen die Missstände in seinem Land anprangerte. Gerechtigkeit war sein großes Thema, er wurde nicht müde, Gerechtigkeit für alle Menschen in der Gesellschaft zu fordern. Als wir uns im Unterricht mit dem Amos-Buch beschäftigten, war unser Eindruck: Was er damals zu sagen hatte, ist auch für uns heute aktuell. Darum haben wir uns zu ausgewählten Textauszügen Gedanken gemacht und diese zum heutigen Gottesdienst mitgebracht.

■ *Jeweils ein Jugendlicher aus der Vorbereitungsgruppe liest einen Text aus dem Amos-Buch und den Text der Jugendlichen. Der vierte Jugendliche liest die Zusammenfassung.*

1. Amos-Text; gestern und heute (Amos 2,6–8)

So spricht der Herr: Um drei, ja um vier Frevel willen derer von Israel will ich sie nicht schonen, weil sie die Unschuldigen für Geld und die Armen für ein paar Schuhe verkaufen.

Sie treten den Kopf der Armen in den Staub und drängen die Elenden vom Wege. Sohn und Vater gehen zu demselben Mädchen, um meinen heiligen Namen zu entheiligen.

Und bei allen Altären schlemmen sie auf den gepfändeten Kleidern und trinken Wein vom Gelde der Bestraften im Hause ihres Gottes.

Gestern: Menschen werden verkauft, sie werden wie Sachen, wie Besitz behandelt. Menschen werden unterdrückt, an den Rand der Gesellschaft gedrängt, weil sie arm sind. Sie haben keine Rechte, weil sie arm sind. Sie werden unterdrückt und ausgebeutet. Die Reichen leben auf Kosten der Armen. Sie nehmen sich einfach, was sie wollen: Essen, Trinken, Mädchen. Selbst vor ihrem Tempel machen sie nicht Halt: Ihre Gottesdienste sind große Festessen geworden, die sie von dem Geld, das sie aus den Armen gepresst haben, bezahlen. Gott will das nicht. Er will die Reichen bestrafen. Er sagt: Mein Name wird entheiligt.

Heute: Auch heute werden Menschen an den Rand gedrängt. Sie haben keinen Platz in der Gesellschaft, weil sie arm sind: Arbeitslose, Menschen mit sozialen Problemen, Ausländer, Menschen, die anders denken und leben als die meisten. Diejenigen, denen es gut geht, sehen an ihnen vorbei, hören nicht zu, haben keine Zeit für sie, sind gleichgültig. Sie feiern ihre Feste, leben auf Kosten der Anderen gut, sind satt und zufrieden. Wie es den Armen geht, interessiert sie nicht. Gott will das nicht. Er sagt: Mein Name wird entheiligt.

2. Amos-Text; gestern und heute (Amos 5,11–15)

Darum, weil ihr die Armen unterdrückt und nehmt von ihnen hohe Abgaben an Korn, so sollt ihr in den Häusern nicht wohnen, die ihr von Quadersteinen gebaut habt, und den Wein nicht trinken, den ihr in den feinen Weinbergen gepflanzt habt.

Denn ich kenne eure Freveltaten, die so viel sind, und eure Sünden, die so groß sind, wie ihr die Gerechten bedrängt und Bestechungsgeld nehmt und die Armen im Tor unterdrückt.

Darum muss der Kluge zu dieser Zeit schweigen; denn es ist eine böse Zeit.

Suchet das Gute und nicht das Böse, auf dass ihr leben könnt, so wird der Herr, der Gott Zebaoth, bei euch sein, wie ihr rühmt.

Hasset das Böse und liebet das Gute, richtet das Recht auf im Tor, vielleicht wird der Herr, der Gott Zebaoth, doch gnädig sein denen, die von Josef übrig bleiben.

Gestern: Die Reichen leben auf Kosten der Armen. Deren Arbeit bezahlen sie schlecht. Die Arbeit der Armen schafft den Reichen aber Luxusvillen, guten Wein, gutes Essen. Die Abgaben, die die Bauern an ihre Herren zu leisten haben, sind kaum bezahlbar.

Vor dem Gericht im Stadttor bekommt derjenige Recht, der das nötige Geld dafür hat. Die Armen haben aber kaum Geld und haben deswegen vor dem Gericht keine Chance auf ihr Recht. Wer sich gegen die Missstände wehrt und etwas dagegen unternehmen will, bekommt große Schwierigkeiten. Für ihn ist es besser, zu schweigen. Kritiker werden verfolgt.

Gott will das nicht. Er sagt: Suchet das Gute und nicht das Böse, dann bin ich bei euch.

Heute: Auch heute gibt es viele Menschen, die für ihre Arbeit schlecht bezahlt werden. Dabei machen die Konzerne immer größere Gewinne, und ihre Manager verdienen immer mehr Geld. Wer sich dagegen wehren will, muss damit rechnen, Probleme zu bekommen und seinen Arbeitsplatz zu verlieren.

Dass jeder sein Recht vor Gericht bekommen muss, ist zwar in den Gesetzen festgeschrieben. Aber oft bleibt das Theorie. Dann muss man durch mehrere gerichtliche Instanzen gehen, dafür muss man gute Anwälte bezahlen können. Und man muss die Energie dafür aufbringen können. Menschen, die Missstände anprangern und sich für andere einsetzen, werden in unserem Land zwar nicht von der Polizei verfolgt, haben es aber in unserer Gesellschaft oft schwer. Sie werden zu Außenseitern, werden nicht ernst genommen, nicht unterstützt. Jeder sucht sein eigenes Glück, um das Glück des anderen kümmert er sich nicht. Gott sagt: Suchet das Gute und nicht das Böse, dann bin ich bei euch.

3. Amos-Text; gestern und heute (Amos 5,21–24)

Ich bin euren Feiertagen gram und verachte sie und mag eure Versammlungen nicht riechen.

Und wenn ihr mir auch Brandopfer und Speisopfer opfert, so habe ich keinen Gefallen daran und mag auch eure fetten Dankopfer nicht ansehen.

Tu weg von mir das Geplärr deiner Lieder; denn ich mag dein Harfenspiel nicht hören!

Es ströme aber das Recht wie Wasser und die Gerechtigkeit wie ein nie versiegender Bach.

Gestern: Die Leute denken, wenn sie Gott Brandopfer darbringen, steigt der Rauch wie Wohlgeruch in den Himmel. Und wenn sie Gott teure Opfergaben schenken, freut er sich über ihre Gottesdienste. Wenn sie schöne Lieder im Gottesdienst singen, freut er sich über ihre Lieder. Doch Gott mag diese Gottesdienste nicht, er will sie nicht riechen, nicht sehen, nicht hören. Solange die Menschen nicht für Recht und Gerechtigkeit in der Gesellschaft sorgen, interessieren ihn die Gottesdienste nicht. Er fordert: Es ströme aber das Recht wie Wasser und die Gerechtigkeit wie ein nie versiegender Bach.

Heute: Sind unsere Gottesdienste verlogen? Gibt es einen Widerspruch zwischen dem, was wir im Gottesdienst sagen und tun und dem, was wir in unserer Gesellschaft machen? Sonntagsreden halten nützt niemandem etwas, und Gott werden solche Reden sicher nicht gefallen. Wir können sonntags nicht so tun, als wäre alltags alles in Ordnung. Wir bitten Gott in unseren Fürbitten, dass es allen Menschen gut gehen soll, aber wir tun selbst nicht genug dafür. Gegen Ungerechtigkeit aufstehen heißt nicht nur beten, singen und predigen. Es heißt auch sich einsetzen für Gerechtigkeit in der Schule, am Arbeitsplatz, in den Familien, in unserer Gesellschaft. Gott fordert von uns: Es ströme das Recht wie Wasser und die Gerechtigkeit wie ein nie versiegender Bach.

LIED 663,1–4
Herr, deine Liebe ist wie Gras und Ufer
(EG, Landeskirchlicher Liederteil)

Zusammenfassung

Amos war kein Diplomat. Er hat den Leuten deutlich seine Meinung gesagt. Er hat ihnen ins Gesicht gesagt, wie er die Lage in Israel gesehen hat. Er hat ihnen die Missstände aufgezeigt. Und er hat ihnen die Gründe für die Missstände genannt: Unrecht und Ungerechtigkeit.

Gott will nicht, dass es Menschen schlecht geht, dass sie zu wenig oder nichts zu essen haben, dass sie keinen Zugang zu sauberem Trinkwasser haben, dass sie keine Medikamente gegen ihre Krankheiten haben. Gott will nicht, dass Menschen keinen Platz in der Gesellschaft haben, dass sie ausgestoßen werden, weil sie anders aussehen, anders sind, arm sind oder eine andere Religion haben. Gott will nicht, dass Menschen unterdrückt oder verfolgt werden, weil sie zu schwach sind, um sich zu wehren. Gott will nicht, dass die Menschen in Unfrieden leben. Er will, dass Recht und Gerechtigkeit herrschen, dass die Menschen sich gegenseitig respektieren, dass sie gemeinsam dafür sorgen, dass es allen gut geht und dass alle genug zu essen und zu trinken haben. Und wenn es Streit gibt, dann sollen die Menschen dafür sorgen, dass die Konflikte gerecht gelöst werden. Und was zu Amos' Zeiten gegolten hat, gilt auch für uns heute. Wenn Amos heute zu uns kommen würde, würde er uns die gleiche

Kritik ins Gesicht sagen. Denn Recht und Gerechtigkeit herrschen auch heute nicht so uneingeschränkt, wie es eigentlich sein sollte. Wir müssen daran arbeiten, dass „das Recht ströme wie Wasser und die Gerechtigkeit wie ein nie versiegender Bach".

Natürlich können wir nicht die Weltlage ganz schnell verändern. Aber wir können unseren eigenen Beitrag leisten, dass bei uns Recht und Gerechtigkeit immer mehr zur Geltung kommen. Im Konfirmandenunterricht haben wir darüber gesprochen, wie wir in unserem Alltag etwas dafür tun können: Wenn es zwischen uns Streit gibt, dann wollen wir nicht gleich losschlagen oder nicht mehr miteinander reden, sondern versuchen, den Konflikt im Gespräch miteinander zu lösen. Wenn uns jemand befremdlich erscheint, weil er anders aussieht und anders ist als wir, dann wollen wir ihn nicht zum Außenseiter abstempeln, sondern versuchen, mit ihm zu reden, um ihn besser kennen zu lernen. Wenn jemand sich keine Marken-Kleidung oder andere Dinge leisten kann, weil er kein Geld dafür hat, wollen wir ihn nicht ausgrenzen, sondern versuchen, ihn trotzdem in unserer Gruppe akzeptieren. Wenn jemand angegriffen wird und zu schwach ist, sich zu wehren, wollen wir versuchen, ihm beizustehen und ihn zu beschützen.

Jeder Mensch ist es wert, dass Recht und Gerechtigkeit für ihn gelten. Denn Gott will, dass jeder Mensch lebt und dass er gut leben kann.

Lied 432,1–3
Gott gab uns Atem, damit wir leben (EG)

Abkündigungen

Gebet

◉ Pastorin

Herr, unser Gott!
Es ströme das Recht wie Wasser und die Gerechtigkeit wie ein nie versiegender Bach.

So soll es aussehen in deiner Welt. Doch sind wir weit entfernt davon, dass die Verhältnisse in der Welt, in unserer Gesellschaft gerecht und rechtmäßig sind.

Darum bitten wir dich: Wenn Menschen in Armut und Not leben, stelle ihnen Menschen zur Seite, die ihnen helfen, das Notwendige zum Leben zu bekommen.

Wenn Menschen unter Unterdrückung und Gewalt leiden, gib ihnen Menschen, die ihnen helfen, zu ihrem Recht zu kommen und frei und stark genug zu werden, sich zu wehren.

Wenn Menschen ausgenutzt und ausgebeutet werden, gib ihnen Menschen, die ihnen zu einem Leben in Gerechtigkeit und Frieden verhelfen.

Überall in der Welt, aber auch in unserer Gesellschaft und in den Gruppen und Gemeinschaften, in denen wir leben, gibt es Ungerechtigkeit und Unrecht. Wir wollen versuchen, für mehr Gerechtigkeit zu sorgen. Doch manchmal haben wir keine Ideen oder keine Kraft, etwas zu unternehmen. Oder wir trauen uns nicht, aufzustehen, das Unrecht beim Namen zu nennen, zu protestieren, zu handeln. Wir bitten dich, hilf uns, gib uns den Mut und die Kraft für mehr Recht und Gerechtigkeit zu sorgen, stelle uns Menschen an die Seite, die mit uns diesen schwierigen Weg gehen, der zu einer besseren Welt führt.

Wir vertrauen dir und hoffen, dass es irgendwann wahr sein wird: *Es ströme das Recht wie Wasser und die Gerechtigkeit wie ein nie versiegender Bach.* Amen.

UNSER VATER

● Pastorin

Gott, der Herr segne und behüte euch.
Er lasse sein Angesicht leuchten über euch und sei
euch gnädig.
Er erhebe sein Angesicht über euch und schenke euch
Frieden. Amen.

Lied 171,1–4
Bewahre uns, Gott, behüte uns, Gott (EG)

Orgel

*Kaffeetrinken nach dem Gottesdienst mit Gottesdienstnach-
gespräch*

4 Advent
Warten auf Weihnachten

Mit der Adventszeit beginnt das neue Kirchenjahr und die Zeit der Vorfreude auf das Weihnachtsfest. In der Jugendgruppe ist dementsprechend Weihnachten das Thema, das die Gespräche bestimmt. In der Gemeinde laufen die Vorbereitungen auf die Weihnachtsfeiern und den Familiengottesdienst am Heiligen Abend, im Konfirmandenunterricht wird die Weihnachtsgeschichte thematisiert. Auch die Jugendgruppe will einen Beitrag zu den Aktivitäten in der Gemeinde einbringen. So entsteht die Idee, einen Adventsgottesdienst zu gestalten.

Die Vorbereitungen

Zunächst stellen wir unseren Gottesdienst unter das Motto: „Warten auf Weihnachten". Wir sammeln Antworten auf die Frage: Was verbinden wir mit dem Weihnachtsfest?: Geschenke, Familienfest, Kerzenlicht, Wärme, Gemütlichkeit, Zusammensein mit der Familie; Geburt Jesu, Hoffnung auf eine bessere Welt, Frieden und Gerechtigkeit, „Brot für die Welt"; Wünsche für sich persönlich und für andere, Neubeginn.

Die Jugendlichen überlegen, wie ein Adventsgottesdienst besonders schön gefeiert werden kann. Im Vordergrund steht für sie, Gemeinschaft herzustellen und miteinander ins Gespräch zu kommen. Das, was sie mit „Weihnachten" bzw. der Weihnachtszeit verbinden, soll im Gottesdienst entweder als Gestaltungselement oder in Form von Texten und Liedern vorkommen. Die Gestaltung des Gottesdienstraumes wird entsprechend geplant: Statt der Bänke sollen Tischgruppen aufgestellt werden, an denen die Gottesdienstteilnehmer während des Gottesdienstes zusammen sitzen, singen, miteinander reden sollen. Die Jugendlichen wollen die Tische mit selbstgebackenen Keksen, Getränken und Weintrauben decken, weil so ihrer Meinung nach eine lockerere Gesprächsatmosphäre geschaffen wird („Wir brauchen unbedingt etwas zu essen, dann kann man besser reden!"). Außerdem sollen Kerzen und ein wenig Weihnachtsdekoration auf den Tischen für „Wärme und Gemütlichkeit" sorgen. Auch der Gottesdienstraum wird weihnachtlich geschmückt.

Natürlich darf auch ein Adventskranz nicht fehlen. Einige Jugendliche aus der Gruppe sorgen dafür, dass ihre Eltern sich treffen und einen großen Adventskranz für die Kirche herstellen. Der Kranz wird auf einen Tisch in der Mitte des Raumes aufgestellt.

Das Motto „Warten auf Weihnachten" leitet den Gottesdienst. Wir legen gemeinsam fest, welche Bibeltexte im Gottesdienst gelesen werden. Einige aus der Jugendgruppe formulieren ihre Gedanken zum Advent und zu den Bibeltexten in kleinen Texten, die sie im Gottesdienst vortragen wollen. Andere schreiben Wünsche für sich und ihre Familien und Freunde auf. Hier entstehen sehr persönliche kleine Texte, die ebenfalls im Gottesdienst vorgelesen werden.

Eine dritte Kleingruppe beschäftigt sich mit der Liederauswahl. Es werden Lieder aus dem Gesangbuch ausgesucht und mit dem Organisten abgesprochen.

Ablauf des Gottesdienstes

ORGEL
▪ *Einer der Jugendlichen zündet die Adventskerzen an.*

BEGRÜSSUNG

▪ durch einen der Jugendlichen

„Lobet den Herrn, alle Heiden!
Preiset ihn, alle Völker!
Denn seine Gnade und Wahrheit
waltet über uns in Ewigkeit.
Halleluja!" (Ps 117).

Liebe Gemeinde, wir begrüßen Sie heute zum Gottes-
dienst, den wir in der Jugendgruppe vorbereitet haben.
Wir haben Bibeltexte und Lieder ausgesucht und unsere
Gedanken zum Advent formuliert.

● Pastorin

Unser Thema in der Jugendgruppe lautet: Warten auf
Weihnachten. Wir haben uns viele Gedanken gemacht,
welche Bedeutung für uns die Weihnachtszeit hat.
Besonders wichtig waren uns die Stichworte Gemeinschaft, zusammensein und miteinander reden, Wärme
und Gemütlichkeit. Deswegen sitzen wir in diesem
Adventsgottesdienst an Tischen zusammen, trinken
Kaffee, Tee und Saft und essen selbstgebackene Kekse.
Und wir wollen miteinander reden, unsere Gedanken
austauschen, die wir zum Advent und zu Weihnachten
haben.

ABKÜNDIGUNGEN
▨ von einem der Jugendlichen gelesen

PSALM 92
▨ von einem Jugendlichen gelesen

Das ist ein köstlich Ding, dem Herrn danken
und lobsingen deinem Namen, du Höchster,
des Morgens deine Gnade und des Nachts
deine Wahrheit verkündigen
auf dem Psalter mit zehn Saiten,
mit Spielen auf der Harfe.

Denn, Herr, du lässt mich fröhlich singen von deinen Werken,
und ich rühme die Taten deiner Hände.
Herr, wie sind deine Werke so groß!

GEBET

▨ von einem der Jugendlichen formuliert und gelesen

Herr, wir danken dir, dass wir hier in der Kirche gemütlich Advent feiern können. Wir hoffen, dass es ein schöner Gottesdienst wird. In diesem Gottesdienst wollen wir unsere Gedanken zum Advent und unsere Freude vor dich bringen.

Wir denken aber auch an Menschen, die jetzt keine Freude in der Adventszeit haben: an Menschen, die im Krieg leiden, an Menschen, die obdachlos sind und an diejenigen, die einsam und traurig sind.

Wir bitten dich, ihnen zu helfen, damit auch sie Advent feiern können und etwas von der Weihnachtsfreude spüren.

LIED 401,1–6

Hosianna! Davids Sohn kommt in Zion eingezogen.
(Evangelisches Kirchengesangbuch, Ausgabe für die Ev.-ref. Kirche in Nordwestdeutschland, Landeskirchlicher Liederteil)

▨ *Die Jugendlichen sagen die Lieder an. Während dieses Liedes sammeln zwei Jugendliche die Diakonie-Kollekte ein. Die Kerzen auf den Tischen werden angezündet.)*

LK 1,46–55

▨ gelesen von einer Jugendlichen

Marias Lobgesang
Meine Seele erhebt den Herrn, und mein Geist freut sich Gottes, meines Heilandes; denn er hat die Niedrigkeit seiner Magd angesehen. Siehe, von nun an werden mich selig preisen alle Kindeskinder. Denn er hat große Dinge an mir getan, der da mächtig ist und dessen

Name heilig ist. Und seine Barmherzigkeit währt von Geschlecht zu Geschlecht bei denen, die ihn fürchten. Er übt Gewalt mit seinen Arm und zerstreut, die hoffärtig sind in ihres Herzens Sinn. Er stößt die Gewaltigen vom Thron und erhebt die Niedrigen. Die Hungrigen füllt er mit Gütern und lässt die Reichen leer ausgehen. Er gedenkt der Barmherzigkeit und hilft seinem Diener Israel auf, wie er geredet hat zu unseren Vätern, Abraham und seinen Kindern in Ewigkeit.

Ein Jugendlicher liest

Maria freut sich. Sie ist schwanger. Bald wird sie ein Kind bekommen. Es wird ein besonderes Kind sein, das hat ihr ein Engel gesagt. Gott wird dieses Kind seinen Sohn nennen. Er wird ihn zum König über das ewige Reich machen. Maria konnte kaum glauben, was der Engel ihr gesagt hatte. Doch nun versteht sie, was dieses Kind für die Menschen bedeutet. Und nun freut sie sich. Alles wird anders werden. Die Niedrigen, die Armen und Unterdrückten, die Rechtlosen werden nicht mehr niedrig sein. Sie werden zu ihrem Recht kommen. Gott wird dafür sorgen. Die Hochmütigen, diejenigen, die Gewalt und Macht ausüben, werden sich nicht mehr einfach über die anderen Menschen hinwegsetzen können. Sie werden von ihrem Thron gestürzt. Gott wird sie in ihre Grenzen verweisen. Die Hungrigen werden nicht mehr hungern. Die Satten werden ihren Besitz teilen müssen. Gott wird für die Menschen sorgen. Das hat er ihnen versprochen. Und sein Versprechen wird er einhalten. Er wird denen helfen, die Hilfe brauchen. Und er wird denen, die meinen, sie sind allein stark und mächtig genug, zeigen, dass auch sie nur Menschen sind wie alle anderen auch, und dass sie sich auf sich allein nicht verlassen können. Und er wird denen, die glauben, dass sie alles für sich allein haben können, zeigen, dass sie mit anderen Menschen zusammenleben müssen und sich um ihre Mitmenschen kümmern müssen. Und das alles wird durch Jesus geschehen, durch den Sohn der Maria, den Gott seinen Sohn nennen wird.

■ Ein zweiter Jugendlicher liest

Maria freut sich. Und sie verbindet große Hoffnungen mit der Geburt ihres Sohnes Jesus, des Heilands. Das sind Hoffnungen, die viele Menschen zu der Zeit hatten. Hoffnungen, von denen wir in der Bibel lesen können. Sind das auch unsere Hoffnungen? Haben wir solche Gedanken, wenn wir auf Weihnachten warten und uns auf das Fest vorbereiten?

■ Ein dritter Jugendlicher liest

Wenn ich an Weihnachten denke, freue ich mich auf ein schönes Fest. In der Adventszeit ist es zumindest an den Sonntag gemütlich zuhause, Kerzen werden angezündet, Kekse und Kuchen werden gebacken. Alle sind gespannt auf die Geschenke, die sie am Heiligen Abend bekommen werden. Viele Einkäufe müssen noch erledigt werden, Geschenke müssen eingepackt werden.

■ Ein vierter Jugendlicher liest

Wenn ich an Weihnachten denke, denke ich schon manchmal an Leute, die es in dieser Zeit nicht so schön haben, Leute, die auf der Straße leben oder zuhause allein sind. Oder Leute, die über Weihnachten im Krankenhaus oder in Heimen sind. Das finde ich sehr traurig, und ich bin froh, dass wir es uns zuhause immer ganz gemütlich machen und zusammen sind.

■ Ein fünfter Jugendlicher liest

Ich frage mich, ob Weihnachten heute noch etwas verändern kann. Wenn ich höre, was Maria in ihrem Lobgesang sagt, dann müsste sich doch etwas verändern in unserer Gesellschaft. Aber ich glaube, die Leute denken darüber zu wenig nach. Die Meisten sind mit sich beschäftigt. Da bleibt wenig Zeit für andere oder gar Fremde.

■ Der erste Jugendliche liest

Maria freut sich. Sie glaubt, mit ihrem Kind wird sich alles ändern, alles besser werden. Sie hat die Hoffnung, dass Gott mit Jesus die Welt gerechter machen wird. Sie jubelt: *Meine Seele erhebt den Herrn, und mein Geist freut sich Gottes, meines Heilandes.*

LIED 17,1–4
Wir sagen euch an den lieben Advent (EG)

EINFÜHRUNG ZUM GESPRÄCH

● Pastorin

Liebe Gemeinde, wir haben die Gedanken der Jugendlichen zum Advent gehört. Jetzt möchten wir mit Ihnen darüber sprechen. Wie erleben Sie die Adventszeit? Glauben Sie, dass Weihnachten heute keine Veränderung mehr bewirken kann, wie N.N. vermutet? Oder gibt es heute noch Grund für die Hoffnung, von der Maria spricht?

GEMEINDEGESPRÄCH

LIED 538,1–4
Tragt in die Welt nun ein Licht (EG, Landeskirchlicher Liederteil, oder: Menschenskinderlieder, [14]1993, Nr. 132)

FÜRBITTE

■ von den Jugendlichen im Wechsel gelesen

Herr, unser Gott, wir warten auf Weihnachten, mit Freude und Spannung. Es soll ein schönes Fest werden. Doch wir wissen, dass in dieser Zeit nicht alle Menschen in

Frieden leben können. Krieg und Gewalt bedrohen ihr Leben. Viele Menschen leiden an Hunger oder an schlimmen Krankheiten. Viele Menschen werden unterdrückt und verfolgt.

Auch bei uns leiden Menschen an Krankheit, Einsamkeit und Armut. Auch bei uns gibt es Menschen, die alleingelassen werden, um die sich niemand kümmert.

Weihnachten ist das Fest der Geburt deines Sohnes Jesus. Mit ihm sollte alles anders werden. Gott, wir bitten dich, zeige uns einen Weg, wie wir helfen können, wo unsere Hilfe nötig ist. Gib uns den Mut, auf Menschen zuzugehen und ihnen ein Stück aus ihrer Einsamkeit herauszuhelfen.

Gib den Menschen, die Schutz und Hilfe brauchen, deinen Segen und begleite sie. Lass sie nicht allein. Gib ihnen Menschen, die sich um sie kümmern.

Für uns alle bitten wir um deinen Segen, der uns auf unserem Weg beschützen und begleiten möge. In dieser Hoffnung beten wir zu dir:

UNSER VATER

SEGEN

🔘 Pastorin

Gott, der Herr, segne und behüte euch.
Er lasse sein Angesicht leuchten über euch
und sei euch gnädig.
Er erhebe sein Angesicht über euch und
schenke euch Frieden. Amen.

LIED 52,1–6
Wisst ihr noch, wie es geschehen? (EG)

ORGEL

5 *Die Emmaus-Jünger*
Der Weg zum Osterfest

Ostern ist das höchste Fest der Christenheit. Zugleich ist es für uns heute das schwierigste. Auferstehung – der Begriff erscheint abstrakt, realitätsfern, utopisch, unmöglich. Das gilt nicht nur für Kinder und Jugendliche. Auch die Erwachsenen haben ihre Schwierigkeiten mit dem Auferstehungsgeschehen. Wir versuchen, Erklärungen zu finden – symbolhafte Deutungen, psychologisch zu erklärendes Erlebnis, Glaubenserlebnis, das uns heute fremd ist. Alle Erklärungsversuche bleiben unzulänglich und unbefriedigend. Der Zugang zu dem Ostergeschehen bleibt schwierig und scheinbar unvermittelbar. Wir ziehen uns zurück auf die einfachen und unkomplizierten Möglichkeiten, mit dem Fest umzugehen – auf unsere Osterbräuche. Der Kirchgang gehört vielleicht für viele Menschen zur Tradition, doch die Osterfreude, das „Er ist wahrhaftig auferstanden" erreicht uns in unserem Innersten nicht.

Den Jugendlichen der Jugendgruppe ging es ähnlich. Auf ihre Frage, warum wir Ostern feiern, fanden sie keine zufriedenstellende Antwort. Wenn aber das Fest für die Christenheit so wichtig sei, müsse die Antwort auf diese Frage entsprechend bedeutsam sein. So lautete die Vermutung der Jugendlichen, und wir entschieden uns, der Sache nachzugehen und einen eigenen, unseren Zugang zu dem Fest zu suchen. Im Verlaufe unserer Suche und unserer Gespräche stellten wir fest, dass die Antwort auf die Frage nach dem Sinn des Osterfestes nicht nur für die Jugendlichen, sondern auch für andere Menschen offen bleibt, bzw. schwierig ist. Einen Gottesdienst zum Osterfest, der diese Frage aufnimmt und behandelt, selbst zu veranstalten, lag da für uns nahe.

Die Vorbereitungen

Die Pastorin schlägt vor, als „Predigttext" für den Gottesdienst und auch für die Vorbereitung die Geschichte der Emmaus-Jünger (Lk 24,13–35) zu nehmen. Aus diesem Text ergibt sich das Motto unserer Vorbereitungen: „Auf dem Weg zum Osterfest".

1. Schritt: Gedanken sammeln und schriftlich festhalten – Wenn ich an Ostern denke ...

Stichwörter: Osterhasen, Ostereier, Geschenke, Osterbrot, Frühling, Familienfest, Osterferien, Jesus, Kerzen, Auferstehung, Tod und ein Leben danach, ein fröhliches Fest, „Frohe Ostern", Ostergeschichten aus der Bibel, Kirche, den Sonntag davor (Palmsonntag), Karwoche und Karfreitag ...

2. Schritt: Welche Gedanken sind für unseren Zugang zum Osterfest wichtig?

Einige Notizen der Jugendlichen: ein fröhliches Fest, dass „Trauer sich in Freude verwandelt", dass trotz vieler ungeklärter Fragen die Hoffnung wiederkommt, der Weg der Jünger, die Begleitung der Jünger durch Jesus, Auferstehung ...

3. Schritt: Wie führen wir diese Gedanken weiter?

Das Ostergeschehen und die Ereignisse um Karfreitag herum vergegenwärtigen, sich in die Situation der Jünger hineinversetzen ...

4. Schritt: Wie bringen wir diese Gedanken in den Gottesdienst ein?

Die biblische Erzählung über die Emmaus-Jünger im Gottesdienst erzählen und die Gedanken der Jugendlichen dazu formulieren ...

5. Schritt: Wie stellen wir unseren Weg dar?

Unsere Fragen und Antwortversuche formulieren, offen gebliebene Fragen und Zweifel benennen, das Gespräch mit den Gottesdienstteilnehmern suchen …

6. Schritt: Innehalten – Sind wir weitergekommen?

Welche Ergebnisse haben wir? Welche Fragen bleiben offen? Was machen wir mit den offenen Fragen?

7. Schritt: Gestaltung des Gottesdienstes

Texte sammeln und formulieren, Ideen zur Form des Gottesdienstes und der einzelnen Elemente sammeln, Lieder aussuchen.

Die Jugendlichen wollen den Gottesdienstteilnehmern auch etwas Österliches mitgeben: kleine selbstgebackene Osterbrote, die am Ausgang verteilt werden sollten (denkbar sind auch Osterglocken, Osterkerzen …).

Der letzte Schritt auf unserem Weg zum Osterfest: Der Gottesdienst.

Vieles bleibt offen. Wir wollen im Gottesdienst unsere Gedanken mitteilen und diskutieren. Wir wollen nicht nur unsere Antworten, sondern auch unsere Fragen mitteilen. Der Gottesdienst wird so gestaltet, dass Platz ist für Fragen, Gespräche, Antworten, Widerspruch, Offenes. Trotzdem – oder besser: Genauso wollen wir Ostern feiern und etwas von der Hoffnung und Freude der Emmaus-Jünger erleben: ein frohes Osterfest, das uns auf unserem Weg viele Schritte voranbringen kann.

Ablauf des Gottesdienstes

ORGEL

● Pastorin

Der Herr ist auferstanden.
Er ist wahrhaftig auferstanden.

Liebe Gemeinde, mit diesem Ostergruß begrüße ich
Sie herzlich zu unserem Ostergottesdienst. Die Jugendgruppe hat diesen Gottesdienst vorbereitet und ihn
unter den Leitgedanken: „Auf dem Weg zum Osterfest" gestellt. Das soll bedeuten: Wir haben Ostern
viele Fragen, wenige Antworten, einige Zweifel und
nicht wenig Hoffnung. Wir sind unterwegs, um lang-
sam, Schritt für Schritt, ein bisschen besser zu verstehen, was wir feiern, wenn wir Ostern feiern. Lassen Sie
uns gemeinsam diesen Weg gehen und diesen Gottesdienst feiern im Namen des Herrn, der Himmel und
Erde geschaffen hat, der Wort und Treue hält ewiglich
und nicht preisgibt das Werk seiner Hände. Amen.

LIED 116,1–3
Er ist erstanden, Halleluja! (EG)

PSALM 103,1–13
● Pastorin liest im Wechsel mit der Gemeinde

LIED 116,4–5

LESUNG
Die Emmaus-Jünger, 1. Teil: Lk 24,13–14
Und siehe, zwei von ihnen gingen an demselben Tage in
ein Dorf, das war von Jerusalem etwa zwei Wegstunden
entfernt, dessen Name ist Emmaus. Und sie redeten
miteinander von allen diesen Geschichten.

■ Die Jugendlichen erzählen

Was war geschehen? Die Jünger verlassen Jerusalem. Es
ist der Tag nach dem Begräbnis Jesu. Alles ist vorbei,

64

Jesus ist tot, am Kreuz gestorben, hingerichtet. Die Jünger müssen nun aufpassen, dass sie nicht auch Opfer der Verfolgung werden. Sie verlassen Jerusalem. Auf dem Weg bereden sie alles miteinander. Ihre Erlebnisse, alles was sie gesehen und gehört haben, das müssen sie verarbeiten, darüber müssen sie sprechen, es loswerden. Sicher sind sie traurig gewesen, auch verunsichert, weil sie nicht wussten, wie es mit ihnen jetzt weitergehen sollte. Und wahrscheinlich waren sie auch verunsichert darüber, ob sie das, was Jesus ihnen gepredigt und gesagt hatte, überhaupt noch glauben sollten.

LESUNG

Die Emmaus-Jünger, 2. Teil: Lk 24,15–24

Und es geschah, als sie so redeten und sich miteinander besprachen, da nahte sich Jesus selbst und ging mit ihnen. Aber ihre Augen wurden gehalten, dass sie ihn nicht erkannten. Er aber sprach zu ihnen: Was sind das für Dinge, die ihr miteinander verhandelt unterwegs? Da blieben sie traurig stehen. Und der ein, mit Namen Kleophas, antwortete und sprach zu ihm: Bist du der Einzige unter den Fremden in Jerusalem, der nicht weiß, was in diesen Tagen dort geschehen ist? Und er sprach zu ihnen: Was denn? Sie aber sprachen zu ihm: Das mit Jesus von Nazareth, der ein Prophet war, mächtig in Taten und Worten vor Gott und allem Volk; wie ihn unsere Hohenpriester und Oberen zur Todesstrafe überantwortet und gekreuzigt haben. Wir aber hofften, er sei es, der Israel erlösen werde. Und über all das ist heute der dritte Tag, das dies geschehen ist. Auch haben uns erschreckt einige Frauen aus unserer Mitte, die sind früh bei dem Grab gewesen, haben seinen Leib nicht gefunden, kommen und sagen, sie haben eine Erscheinung von Engeln gesehen, die sagen, er lebe. Und einige von uns gingen hin zum Grab und fanden es so, wie die Frauen sagten; aber ihn sahen sie nicht.

■ Die Jugendlichen fragen

Ist nicht alles vorbei? Der Tod – das Ende? Jesus ist tot.
Er war mächtig, aber seine Widersacher waren offensichtlich mächtiger. Sie haben ihn zum Tode verurteilt
und gekreuzigt. Er sollte der Messias sein, der Erlöser.
Die Jünger verbanden große Hoffnungen mit Jesus.
Die sind nun mit Jesus gestorben. Ihre ganze Hoffnung, ihr Glaube, ihr Vertrauen zu Jesus, ihr ganzes
Leben, das sich mit Jesus verändert hatte und einen
neuen Sinn bekommen hatte, das alles ist nun zuende,
ungültig geworden. Und dann kommen da die Frauen
und erzählen etwas von Engeln, und dass das Grab Jesu
leer sei und Jesus lebe. Das können die beiden Jünger
nicht mehr glauben. Ihre Trauer über den Tod Jesu und
über den Verlust ihrer Hoffnungen ist so groß, dass sie
den Frauen nicht mehr glauben können.

LESUNG

Die Emmaus-Jünger, 3. Teil: Lk 24,25–29

Und Jesus sprach zu ihnen: o ihr Toren, zu trägen Her-
zens, all dem zu glauben, was die Propheten geredet
haben! Musste nicht Christus dies erleiden und in seine
Herrlichkeit eingehen? Und er fing an bei Mose und
allen Propheten und legte ihnen aus, was in der ganzen
Schrift von ihm gesagt war. Und sie kamen nahe an das
Dorf, wo sie hingingen. Und er stellte sich, als wollte er
weitergehen. Und sie nötigten ihn und sprachen: Bleibe
bei uns; denn es will Abend werden, und der Tag hat
sich geneigt. Und er ging hinein, bei ihnen zu bleiben.

■ Die Jugendlichen fragen weiter

Die Zweifel sind noch nicht ausgeräumt. Die Jünger
hören dem Mann zu, der sie auf ihrem Weg nach
Emmaus begleitet. Er hatte ihnen zugehört, wie sie ihm
ihre Sicht der Geschehnisse in Jerusalem geschildert
haben. Nun will er ihnen erklären: Alles musste so
geschehen, schon die Schrift weist darauf hin. Der Tod

Jesu hat einen Sinn. Und sein Tod ist nicht das Ende. Jesus lebt, die Frauen haben recht. Aber die Jünger scheinen noch nicht überzeugt zu sein. Sie fühlen sich zwar schon ein wenig getröstet von diesem Mann, aber sie können anscheinend nicht an den Sinn dieser ganzen Ereignisse glauben. Sie wollen nicht, dass der Mann weitergeht, als sie in Emmaus angekommen sind. Sie wollen, dass er bei ihnen bleibt. Vielleicht soll er ihnen alles noch weiter erklären, noch deutlicher machen. Der Mann bleibt bei ihnen.

LESUNG

Die Emmaus-Jünger, 4. Teil: Lk 24,30–35

Und es geschah, als er mit ihnen zu Tisch saß, nahm er das Brot, dankte, brach es und gab es ihnen. Da wurden ihnen die Augen geöffnet, und sie erkannten ihn. Und er verschwand vor ihnen. Und sie sprachen untereinander: Brannte nicht unser Herz in uns, als er mit uns redete auf dem Wege und uns die Schrift öffnete? Und sie standen auf zu derselben Stunde, kehrten zurück nach Jerusalem und fanden die Elf versammelt und die bei ihnen waren; die sprachen: Der Herr ist wahrhaftig auferstanden und Simon erschienen. Und sie erzählten ihnen, was auf dem Wege geschehen war und wie er von ihnen erkannt wurde, als er das Brot brach.

◼ Die Jugendlichen erzählen

Was ist geschehen? Die beiden Männer laufen nach Jerusalem zurück, zurück zu den anderen Jüngern. Sie sind ganz aufgeregt. Sie haben Jesus gesehen. Sie haben ihn erkannt in dem Mann, der mit ihnen gegangen war, der ihnen zugehört hatte, der ihnen alles erklärt hatte und den sie trotzdem nicht verstanden hatten. Sie haben Jesus gesehen, als er mit ihnen am Tisch gesessen hatte und ihnen das Brot gebrochen und gegeben hatte. Da hatten sie ihn erkannt. Und als sie ihn erkannt hatten, verschwand er wieder. Doch sie sind nicht traurig, sie sind nun getröstet. Sie sind froh, dass nun doch nicht alles vorbei ist. Ihre Hoffnungen, die sie in Jesus gesetzt hatten, sind jetzt doch nicht vergebens.

LIED 9

Du verwandelst meine Trauer in Freude
(Menschenskinderlieder, [14]1993)

EINFÜHRUNG IN DAS GESPRÄCH

● Pastorin

Liebe Gemeinde, die Jugendlichen haben sich mit dieser Geschichte der Jünger, die nach Emmaus unterwegs sind, auseinandergesetzt. Sie sind gewissermaßen deren Weg mitgegangen, den Weg der Zweifel, der Fragen, auf die keine Antworten zu finden sind, den Weg der Trauer auch, des Gefühls, dass alles zuende ist. Sie haben auch gesehen, wie die Jünger getröstet wurden, welches Wunder sie erlebten: Der Herr ist wahrhaftig auferstanden! Und genau hier sind wir auf unserem Weg zum Osterfest stehen geblieben. Einigen Jugendlichen erschien diese Geschichte zu phantastisch. Andere hatten die Vermutung, dass hier etwas erzählt wird, um die Gemeinde Jesu zu trösten. Sonst wäre es mit der Bewegung, die Jesus in Gang gesetzt hat, ja nicht weiter gegangen. Immerhin gab es auch einige, die diese Ereignisse für möglich hielten. Fragen blieben offen: Wie ist das mit der Auferstehung zu verstehen? Wie ist das mit der Hoffnung auf Erlösung? Und wie kam es, dass die Jünger Jesu tatsächlich weitermachten? Diese und sicher noch weitere Fragen können wir nicht erschöpfend in diesem Gottesdienst klären. Wir wollen auch gar keine abschließenden Antworten, wir wollen mit Ihnen weiter über diese Fragen nachdenken und sprechen, um auf unserem Weg zum Osterfest ein Stück weiter zu kommen.

GEBET

● Pastorin

Herr, unser Gott, wir können das Osterwunder gar nicht fassen. Wenn wir ein Stückchen davon begreifen wollen, entschwindet es uns wieder wie der Auferstandene vor den Augen der Jünger in Emmaus. Und doch wollen wir an unseren Hoffnungen und unserem Glauben an den Auferstandenen festhalten. Darum lass uns Anteil nehmen an der Freude der Jünger, die erkannten: Der Herr ist wahrhaftig auferstanden. Amen.

LIED 100,1–5

Wir wollen alle fröhlich sein (EG)

ABKÜNDIGUNGEN

FÜRBITTE

● Pastorin

Herr, unser Gott! Es fällt uns oft schwer, die Erinnerung an das Osterwunder wach zu halten, angesichts der Hektik unseres Alltags, all der Dinge, die immer zu erledigen sind, all der Zeit, die wir immer nicht haben. Es fällt schwer, an die Verheißung der Erlösung zu glauben, die du mit dem Osterwunder bekräftigt hast. Denn wir sehen Menschen, die krank sind, die einsam und allein sind, wir sehen Menschen, die unter ihrer Armut leiden. Wir erfahren täglich von Menschen, die Opfer von Krieg und Gewalt oder von Naturkatastrophen werden. Wir erfahren von Tieren, die gequält werden, von Tiere- und Pflanzenarten, die vom Aussterben bedroht sind und Opfer der Umweltverschmutzung werden. Eine unerlöste Welt.

Herr, unser Gott, wir bitten dich für deine unerlöste Welt um Erlösung. Befreie sie von Unfrieden und Leiden. Befreie sie von Gewalt, Hass und Tod. Befreie sie von Habsucht und Neid, von Armut und Ungerechtigkeit. Befreie sie von Gleichgültigkeit, von Mutlosigkeit und Tatenlosigkeit.

Befreie uns vom Unglauben, hilf uns zum Glauben, dass durch das Osterwunder, durch Jesus Christus für deine Welt die Erlösung schon da ist. Gib uns die Kraft des Glaubens, zu tun, was zu tun ist. Gib uns den Mut des Glaubens, aufeinander zuzugehen und miteinander zu leben als eine Gemeinschaft in deinem Geist der Erlösung. Amen.

UNSER VATER

SEGEN

● Pastorin

Gott, der Herr segne und behüte euch.
Er lasse sein Angesicht leuchten über euch und sei euch gnädig.
Er erhebe sein Angesicht über euch und schenke euch Frieden. Amen.

LIED 425,1–3
Gib uns Frieden jeden Tag (EG)

ORGEL

Am Ausgang verteilen die Jugendlichen kleine Osterbrötchen an die Gottesdienstteilnehmer.

6 Taufe

Ich habe dich bei deinem Namen gerufen

Anlass für diesen Taufgottesdienst ist die Taufe eines Jugendlichen aus der Konfirmandengruppe. Im Konfirmandenunterricht wird das Thema „Taufe" durchgenommen, indem Texte aus dem Heidelberger Katechismus und aus dem Neuen Testament besprochen werden und über die Bedeutung der Taufe gesprochen wird. Auch die Taufpraxis, die Taufe als Bekenntnisakt, die Taufe als Zeichenhandlung und die Bedeutung des Wassers als Symbol werden thematisiert. Der Taufgottesdienst wird als Abschluss der Unterrichtseinheit von einer Gruppe von Konfirmanden vorbereitet. Dabei steht die Individualität im Vordergrund: Die Taufe als Zeichen des persönlichen Bekenntnisses zum christlichen Glauben und als Zeichen der Zusage Gottes an den einzelnen Menschen, an „mich persönlich": *Ich habe dich bei deinem Namen gerufen* (Jes. 43,1).

Die Vorbereitungen

Die Vorbereitungsgruppe entwirft eine „Taufurkunde": Sie schreiben auf eine DIN-A2-Tonpappe den Taufspruch, Gedanken zum Taufspruch und Wünsche für den Täufling und gestalten diese Urkunde mit Farben und Bildern. Den Taufspruch hat der Täufling sich selbst ausgesucht. Kurze Texte, die Konfirmandenunterricht entstanden sind, werden für den Gottesdienst ausgesucht. Gemeinsam mit der Pastorin werden der Gottesdienstablauf festgelegt und die Lieder

ausgesucht. Für den Eingangs-/Begrüßungsteil des Gottesdienstes entwickeln die Jugendlichen ein kleines Rollenspiel.

Material

Tonpappe Größe DIN-A4
Farben und Dinge zum Verzieren der „Taufurkunde"

Ablauf des Gottesdienstes

ORGEL

EINGANG/BEGRÜSSUNG/VORSTELLUNG DES TÄUFLINGS

◉ Pastorin

Unser Anfang und unsere Hilfe stehen im Namen des
Herrn, der Himmel und Erde geschaffen hat, der Wort
und Treue hält ewiglich und nicht preisgibt das Werk
seiner Hände.

Liebe Gemeinde, ich begrüße Sie zu unserem heutigen
Gottesdienst. Und ich begrüße heute N.N. und seine
Familie. N.N. wird heute getauft. Deswegen haben wir
im Konfirmandenunterricht, an dem er auch teil-
nimmt, diesen Gottesdienst vorbereitet. Und darum
begrüße ich auch die Konfirmanden *(mit Namen),* die
gleich im Gottesdienst einiges beizutragen haben.

◼ Zwei Jugendliche zeigen ein kurzes Rollenspiel

A.: Hast du gehört? Der N.N. ist jetzt in der Kirche!
Der will sich taufen lassen.
B.: Bist du verrückt? Warum das denn?
A.: Ich weiß auch nicht so genau. Der geht ja auch
zum Konfus. Vielleicht muss man da ja getauft
sein.

B.: Ja, ich glaube auch. Aber warum geht der eigentlich zum Konfus, wegen der Kohle? (lacht)

A.: Na, ich weiß nicht, der N.N. meinte ja neulich, weil's ihn interessiert!

B.: Waas, das gibt es nicht!

A.: Tja, da guckst du!

B.: Genau, lass uns mal hingehen und gucken.

LIED 456
Vom Aufgang der Sonne (EG)

PSALM 119,103–106
▨ Jugendlicher

Dein Wort ist in meinem Munde süßer als Honig. Dein Wort macht mich klug; darum hasse ich alle falschen Wege. Dein Wort ist meines Fußes Leuchte und ein Licht auf meinem Wege. Ich schwöre und will es halten: Die Ordnungen deiner Gerechtigkeit will ich bewahren.

GEBET
▨ Jugendlicher

Herr, unser Gott, wir sind heute zum Gottesdienst versammelt, um dein Wort zu hören. Wir wünschen uns, dass du bei uns bist und dass du mit deinem Segen bei N.N. bist, wenn er gleich getauft wird. Amen.

TAUFE nach der Gemeindeliturgie
⬤ Pastorin

▨ Überreichung der „Taufurkunde" der Jugendlichen

LIED 596,1–3
Kind, du bist uns anvertraut
(EG, Landeskirchlicher Liederteil, oder: Menschenskinderlieder, [14]1993, Nr. 89)

● Pastorin

▨ Jugendliche lesen ihre Texte im Predigtteil

Liebe Gemeinde, bei der Taufe eben haben wir den Taufspruch gehört, den N.N. sich ausgesucht hat. Es ist aus dem 119. Psalm der Vers 105: *Dein Wort ist meines Fußes Leuchte und ein Licht auf meinem Wege.* Der 119. Psalm handelt von einem Menschen, der für sich eine Orientierung gefunden hat: Das Wort Gottes. Er spricht davon, dass er sich an Gottes Gebote und Gesetze halten will. Gott gibt ihm den Halt, den er für sein Leben braucht. Gott zeigt ihm den Weg, auf dem er durch sein Leben gehen kann. Dabei ist dieser Weg nicht ohne Hindernisse und Hürden. Es begegnen ihm auf seinem Weg nicht nur Freunde und Menschen, die es gut mit ihm meinen. Er erlebt auch, dass Menschen ihn bedrohen, ihm feindlich gesinnt sind, er erlebt, dass Menschen ihm mit Unverständnis oder Spott und Hohn begegnen. Und doch ist seine Erfahrung: Gott bietet ihm Orientierung, weist ihm die richtige Richtung. Andere Orientierungsangebote führen in die Irre. Und ohne Wegweiser kann er sich nur verlaufen.

▨ 1. Jugendlicher

Wir wünschen dir, lieber N.N., dass du in deinem Leben nicht in die Irre gehst. Wir wünschen dir, dass du immer Menschen hast, die dich unterstützen und dir helfen, wenn du Hilfe brauchst, deine Familie, deine Freunde, Menschen, die es gut mit dir meinen.

● Pastorin

Dein Wort ist meines Fußes Leuchte und ein Licht auf meinem Wege. Der Mensch, der hier spricht, kennt Zeiten, in denen es ihm schlecht geht, in denen er nicht weiß, wie es weitergehen soll. Er kennt Zeiten, in denen er sich allein fühlt, vielleicht auch Zeiten der Krankheit oder der Ohnmacht angesichts der Ungerechtigkeit, mit der andere Menschen ihn behandeln. Zeiten der Ausweglosigkeit und Hilflosigkeit, Zeiten der Dunkelheit. Auch wenn er im Grunde seines Herzens weiß, dass Gott ihn auf seinem Weg durch das Leben begleitet, können solche Zeiten der Dunkelheit zur Verzweiflung führen. Und doch wird er sich dann wohl daran erinnern, dass Gott versprochen hat, ihn nicht zu verlassen, ihn zu schützen und zu führen. Wie ein Licht in der Dunkelheit den Weg ausleuchtet, weist Gott ihn auf seinen Weg hin, zeigt ihm die Richtung.

■ 2. Jugendlicher

Lieber N.N., wir wünschen dir keine dunklen Zeiten. Aber es wird dir trotzdem passieren, dass du mal nicht mehr weiter weißt, dass du traurig bist, dass du Schlimmes erlebst. Dann mögen Menschen bei dir sein, die dir helfen und dich trösten. Und wir wünschen dir, dass du dich dann erinnerst, dass Gott dir versprochen hat, bei dir zu sein und dich zu begleiten und zu beschützen. Und wir wünschen dir, dass du dich nicht in die Irre leiten lässt, sondern, dem Licht folgst.

● Pastorin

Dein Wort ist meines Fußes Leuchte und ein Licht auf meinem Wege. Die Bibel ist kein Buch mit Patentrezepten für ein gelungenes und glückliches Leben. Was wir dort aber lesen können, ist die Geschichte Gottes mit den Menschen. Und die ist vor allem eine Geschichte des Gottes, der den Menschen immer wieder zusagt: Ich bin bei euch, und ich bleibe bei euch. Und Gott handelt in diesen Geschichten auch entsprechend: Er führt die Menschen heraus aus ihrem Unglück und aus ihrer Unfreiheit. Sein Wort bedeutet Freiheit, Freiheit von falschen Versprechungen, von Sklaverei und unglücksseligen Bindungen, auch Freiheit von Selbstsucht und Missgunst. Sein Wort befreit uns auch von dem Druck, immer alles selbst in die Hand nehmen zu müssen, immer alles selbst wissen zu müssen. Wir erleben es ja oft genug in unserem Leben: Auf uns und unsere eigene Kraft können wir uns nicht immer verlassen. Und auf unsere Mitmenschen können wir uns zwar oft, aber nicht immer verlassen. Da ist es eine Befreiung, wenn jemand sagt: Ich bin bei dir, ich lasse dich nicht allein, ich zeige dir einen Weg heraus. Die Taufe ist ein Zeichen, mit dem wir uns diese Zusage Gottes vergegenwärtigen. Darum feiern wir auch diesen Taufgottesdienst. Ich wünsche dir, lieber N.N., dass dein Leben dir gelingt, weil Gott dir versprochen hat, bei dir zu sein. Ich wünsche dir viele gute Freunde und Menschen die es gut mit dir meinen, ich wünsche dir auf deinem Lebensweg möglichst wenig Dunkelheit und viel Licht. *Dein Wort ist meines Fußes Leuchte und ein Licht auf meinem Wege.* Amen.

Lied 408,1–6
Meinem Gott gehört die Welt (EG)

Abkündigungen (Presbyter)

Fürbitte
● Pastorin und Jugendliche

Herr, unser Gott, wir bitten dich für N.N.: Begleite und beschütze ihn auf seinem Lebensweg, halte Böses und Dunkles fern von ihm und gib ihm Frieden und Glück.

Wir bitten dich für seine Familie: Gib ihnen die Kraft, ihren Sohn auch in schwierigen Tagen zu begleiten und ihm zu helfen, seinen Weg zu finden.

Wir bitten dich für Menschen, die Krieg und Gewalt erleben müssen: Sei ihnen Schutz in ihrer dunklen Zeit schenke ihnen deinen Frieden.

Wir bitten dich für Menschen, die krank sind: Gib ihnen Kraft, ihre schwierige Zeit durchzustehen und sei ihnen ein Licht der Hoffnung.

Wir bitten dich für Menschen, die in Armut leben: Gib ihnen Mitmenschen, die ihnen helfen und sie unterstützen.

Wir bitten dich: Gib uns den Mut und die Zuversicht, dass du für uns das Licht auf dem Lebensweg bist, dass du uns den richtigen Weg weist durch dunkle und durch helle Zeiten. Wir bitten dich:

UNSER VATER

SEGEN

◉ Pastorin

Der Herr behütet dich; der Herr ist dein Schatten über deiner rechten Hand, dass dich des Tages die Sonne nicht steche noch der Mond des Nachts. Der Herr behüte dich vor allem Übel, er behüte deine Seele. Der Herr behüte deinen Ausgang und Eingang von nun an bis in alle Ewigkeit. Amen. (Ps 121,5–8)

LIED 42,1–4
Du bist da, wo Menschen leben
(Menschenskinderlieder, [14]1993)

ORGEL

7 Abendmahl
Wir feiern unsere Gemeinschaft

Anlass für diesen Gottesdienst war ein Abendmahlsgottesdienst in der Gemeinde, an dem Jugendliche aus der Jugendgruppe teilgenommen hatten. Dieser Gottesdienst wirft bei ihnen einige Fragen auf. In der Jugendgruppe wird das Thema „Abendmahl" aufgegriffen und behandelt. Die Jugendlichen diskutieren über die Bedeutung und die Form des Abendmahls. Schon konfirmierte Jugendliche aus der Gruppe können aus ihrer Konfirmandenzeit einiges zur Diskussion beitragen. Texte aus dem Heidelberger Katechismus und aus dem Neuen Testament werden gelesen und besprochen. Dabei steht der Gedanke der Gemeinschaft für die Jugendlichen im Vordergrund. Nach ihrem Empfinden widerspricht die Form des Abendmahls, wie sie sie im Gottesdienst erlebt haben, dem Gemeinschaftsgedanken. Die Jugendlichen entschließen sich, einen Gottesdienst für Jugendliche zu gestalten, in dem das Abendmahl im Zentrum steht und von der Form her die Gemeinschaft deutlich macht.

Die Vorbereitungen

Die Jugendlichen wollen einen Abendmahlsgottesdienst für Jugendliche als Wochenschlussandacht an einem Samstagabend veranstalten. Die Pastorin erklärt sich dazu bereit, mit der Gemeindeleitung darüber zu sprechen und diesen Gottesdienst mit den Jugendlichen vorzubereiten und zu feiern. In der Jugendgruppe wird der Termin festgelegt und Einladungen an die Konfirmandengruppen, die letzten zwei Konfirmierten-Jahrgänge, die Jungengruppe, die Mädchengruppe und die Kindergottesdiensthelfer geschrieben.

Die Abendmahlsgeschichte aus dem Neuen Testament soll im Gottesdienst gelesen werden. Die Jugendlichen halten ihre Gedanken zu dem Text schriftlich fest, um sie im Gottesdienst vorzulesen. Sie verfassen ein Fürbittengebet. Schließlich suchen sie die Lieder für den Gottesdienst aus.

Das Abendmahl findet „am Tisch" statt. Im Gottesdienstraum werden Tische zu einer langen Tafel aufgestellt, auf der roter Traubensaft in großen Krügen und Brot stehen und die für ein anschließendes Abendbrot eingedeckt ist. Dafür kaufen die Jugendlichen die Zutaten vorher entsprechend ein. Das Abendmahl wird mit Einzelkelchen bzw. Gläsern gereicht.

Material

Roter Traubensaft, Fladenbrot für das Abendmahl
Brot, Aufschnitt, Käse, Butter usw. für das Abendbrot

Ablauf des Gottesdienstes

MUSIK

(entweder von einem CD-Spieler oder ähnlichem, oder von jemandem, der ein Instrument – Gitarre, Klavier, Querflöte – gut spielen kann)

EINGANG/BEGRÜSSUNG

durch die Pastorin oder einer Jugendlichen

Kerzen werden angezündet

Wir begrüßen euch zu unserem Gottesdienst. Heute Abend wollen wir mit euch zusammen das Abendmahl feiern und anschließend mit euch Abendbrot essen. Die Jugendgruppe hat diesen Gottesdienst vorbereitet. Wir freuen uns auf einen schönen Abend mit euch. Wir feiern diesen Gottesdienst im Namen Gottes. Gott ist die Fülle unseres Lebens. Jesus Christus leuchtet uns auf dem Weg. Gottes Geist begleitet und stärkt uns. Amen.

Psalm 145,1–8

● Pastorin liest im Wechsel mit der Gemeinde

Lied (*wenn möglich, mit Begleitung*) 168,1–3
Du hast uns, Herr gerufen (EG)

Lesung Lk 22,7–20

▨ Jugendlicher

Gedanken zum Abendmahl (1. Jugendlicher)
Wir sitzen hier an einer großen Tafel zusammen, wie die Jünger mit Jesus in der Geschichte, die wir eben gehört haben. Die Jünger ahnen wahrscheinlich schon, dass es das letzte Mal sein wird, dass sie zusammen sein, miteinander sitzen, essen und reden können wie jetzt. Sicherlich war da keine fröhliche Stimmung. Ich stelle mir vor, dass sie eher ziemlich bedrückt gewesen sind. Schließlich haben sie ja schon die letzte Zeit erlebt, dass ihre Gegner sie verfolgt und bedroht haben. Jesus hat ihnen schon angekündigt, dass er sterben wird. Und die Jünger machen sich sicherlich ihre Gedanken darüber, was sie tun sollen, wenn es soweit sein wird.

2. Jugendlicher
Wir sitzen hier an einem großen Tisch zusammen, wie die Jünger mit Jesus. Aber uns geht es gut. Es ist schön, dass wir so zusammen feiern können, miteinander sitzen, essen und reden können. Das bedeutet für mich Gemeinschaft. Wir können darüber reden, was uns beschäftigt, über den Glauben diskutieren, miteinander Ernstes bereden und fröhlich sein. Das tut mit gut, und ich finde, das müsste noch viel öfter in unserer Kirche passieren.

3. Jugendlicher

Gemeinschaft ist, wenn man zusammen ist mit Leuten, die gleiche Interessen haben, die sich füreinander interessieren. Wenn Leute zusammenkommen, die nicht nur reden, sondern dem anderen auch zuhören wollen. Wenn man etwas zusammen macht, was für alle gut ist oder allen Spass macht. Wenn man zusammen feiert und es sich gut gehen lässt. Und wenn wir das in der Kirche tun, dann sind nicht nur wir eine Gemeinschaft, die ja irgendwie einen gemeinsamen Glauben haben. Dann sind wir Gemeinschaft im Geiste Jesu, weil wir uns im Glauben an Jesus zusammengetan haben. Jesus wollte, dass seine Anhänger, also wir Christen, immer wieder zusammenkommen und dass wir uns umeinander kümmern. Denn das macht die Gemeinschaft im Sinne Jesu aus: Dass die Menschen sich umeinander kümmern, sich gegenseitig helfen, sich zuhören und Vertrauen zueinander haben, und dass sie auch zusammen feiern.

● Pastorin

Wir feiern, weil wir einen guten Grund dazu haben. Die Gemeinschaft, die wir erleben, ist ja eine besondere: Es kommen Menschen zusammen, die sich sonst vielleicht nicht treffen würden, Menschen unterschiedlicher Herkunft und mit völlig verschiedenen Lebensgeschichten. Aber eines eint uns eben: der Glaube an Jesus Christus. Dieser Glaube macht uns frei, aufeinander zuzugehen und den anderen so zu akzeptieren, wie er ist. Der Glaube an Jesus macht uns frei, weil wir wissen, dass Gott uns eben auch so annimmt, wie wir sind, mit unseren Fehlern und Unzulänglichkeiten. Er hält trotz allem an der Gemeinschaft mit uns fest. Darum feiern wir das Abendmahl, daran erinnern wir uns, wenn wir das Abendmahl feiern.

MUSIK ODER LIED

● Pastorin

Jesus Christus spricht: *Ich bin das Brot des Lebens. Wer zu mir kommt, den wird nicht hungern; und wer an mich glaubt, den wird nimmermehr dürsten. Ich bin der Weinstock, ihr seid die Reben. Wer in mir bleibt und ich in ihm, der bringt viel Frucht; denn ohne mich könnt ihr nichts tun. Wenn ihr in mir bleibt und meine Worte in euch bleiben, werdet ihr bitten, was ihr wollt, und es wird euch widerfahren.* (Joh 6,35; 15,5.7)

Wir sind versammelt, um in der Gemeinschaft des Glaubens, der Liebe und der Hoffnung das Abendmahl unseres Herrn Jesus Christus zu feiern.

Der Herr Jesus, in der Nacht, da er verraten ward, nahm er das Brot, dankte und brach es und sprach: Das ist mein Leib, der für euch gegeben wird; das tut zu meinem Gedächtnis.
    Desgleichen nahm er auch den Kelch nach dem Mahl und sprach: Dieser Kelch ist der neue Bund in meinem Blut; das tut, so oft ihr daraus trinkt, zu meinem Gedächtnis.
    Denn so oft ihr von diesem Brot esst und aus diesem Kelch trinkt, verkündigt ihr den Tod des Herrn, bis er kommt. Amen. (1Kor 11,23b-26)

TISCHGEBET PS 145,15–18
▨ Jugendlicher

ABENDMAHL

● Pastorin

Seht, es ist alles bereit! Schmeckt und seht, wie freundlich der Herr ist.
    (Während des Brotbrechens) Das Brot, das wir brechen, ist die Gemeinschaft des Leibes Christi.

(Bei der Austeilung) Nehmt, esst, spricht unser Herr Jesus Christus, das ist mein Leib, der für euch gebrochen wird; dies tut zu meinem Gedächtnis.

(Während der Kelch genommen wird) Der Kelch, den wir segnen, ist die Gemeinschaft des Blutes Christi.

(Während der Kelch gereicht wird) Nehmt und trinkt alle daraus, spricht unser Herr Jesus Christus. Dieser Kelch ist der neue Bund in meinem Blut, das für euch und viele vergossen wird zur Vergebung der Sünden. Das tut, so oft ihr daraus trinkt, zu meinem Gedächtnis.

(Nach dem Abendmahl) *Danket dem Herrn, denn er ist freundlich, und seine Güte währet ewiglich.* (Ps 106,1)

MUSIK ODER LIED

Gemeinsames Abendbrot mit Tischgespräch

LIED 418,1–5
Brich mit dem Hungrigen dein Brot (EG)

FÜRBITTE

▪ Jugendliche

Herr, unser Gott, es geht uns gut. Wir haben zusammen gesessen, gegessen, geredet, gesungen, gebetet. Wir haben das Abendmahl gefeiert und fühlen uns nun gestärkt für die nächste Zeit. Wir haben erlebt, was Gemeinschaft bedeuten kann, und wir freuen uns, dass wir so einen schönen Abend hatten. Wir wollen dir danken für die Gemeinschaft, die wir miteinander und mit dir haben.

Wir bitten dich, stärke uns, damit wir uns nicht wieder verlieren, sondern unsere Gemeinschaft pflegen.

Wir bitten dich für unsere Gemeinde, stärke sie, dass sie sich zu einer Gemeinschaft im Glauben zusammenfindet. Gib ihr den Mut, dass in ihr mehr Toleranz gegenüber anders Denkenden, zwischen Alten und Jungen, zwischen Männern und Frauen herrscht.

Wir bitten dich für die Einsamen und Kranken in der Gemeinde, dass sie die Gemeinschaft der Gemeinde spüren und die Hilfe und Unterstützung bekommen, die sie benötigen.

Wir bitten dich, gib uns allen den Mut, dass wir mehr aufeinander zugehen, uns gegenseitig mehr zuhören, ehrlicher miteinander reden, mehr miteinander feiern. Sei mit deinem Geist der Gemeinschaft bei uns. Amen.

Unser Vater

Segenslied 171,1–4
Bewahre uns Gott, behüte uns Gott (EG)

Musik

8 Der Heidelberger Katechismus
Ich gehöre zu Jesus Christus

Im Konfirmandenunterricht der reformierten Kirche ist der Heidelberger Katechismus eines der zentralen Themen. Er fasst die Lehrinhalte zusammen und gibt so in einer komprimierten Form wieder, was das Bekenntnis der reformierten Kirche ausmacht. Ziel dieser Unterrichtseinheit ist es, den Jugendlichen einen Zugang zum Heidelberger Katechismus zu ermöglichen und zu zeigen, dass die Beschäftigung mit diesem Thema für die Auseinandersetzung mit dem Glauben der Christen sowie mit dem eigenen Glauben bedeutsam sein kann. Dafür braucht man Zeit, Anleitung und auch Freiheit zum Diskutieren und zur Besinnung. Der historische Hintergrund muss berücksichtigt und theologische Aussagen, die heute nicht mehr ohne weiteres verstanden werden, – zumindest im Unterricht bzw. in der Vorbereitung des Gottesdienstes – erläutert werden.

Lange Zeit war es üblich, in einem „Vorstellungsgottesdienst" vor der Konfirmation oder in einer „Konfirmandenprüfung" Teile des Heidelberger Katechismus abzufragen. In diesem Konfirmandenjahrgang wurde auf diese Formen verzichtet. Stattdessen bereiteten die Jugendlichen diesen Gottesdienst selbst als Abschluss der Unterrichtseinheit und gleichzeitig als Abschluss der Konfirmandenzeit vor. Alles, was im Konfirmandenunterricht gelernt, diskutiert und bearbeitet worden ist, findet hier in gewisser Weise seine Zusammenfassung. In der Vorbereitung des Gottesdienstes können die Jugendlichen über gewonnene Antworten und Erkenntnisse, aber auch über offen gebliebene Fragen reflektieren. Auf diese Weise können sie einen ihnen gemäßen Zugang zu diesem schwierigen Thema finden. Auch für die erwachsenen Gottesdienstteilnehmer bietet sich so die Möglichkeit, noch einmal oder vielleicht neu über das Bekenntnis der reformierten Kirche nachzudenken.

Die Vorbereitungen

In anderen Unterrichtseinheiten ist der Heidelberger Katechismus schon gelegentlich herangezogen worden, so zu den Themen „Taufe" und „Abendmahl". Die Bekenntnisschrift ist also zu Beginn dieser Unterrichtseinheit schon bekannt. Jetzt soll es um die „Summe" des Katechismus gehen, um das Bekenntnis der reformierten Kirche also. Die findet sich in der ersten Frage und Antwort: Ich bin Jesu Christi eigen, ich gehöre zu Jesus Christus. Dies ist das Thema der Unterrichteinheit und des Gottesdienstes, der sich daran anschließt.

Im Unterricht verfassen die Jugendlichen kleine Texte zum ersten Absatz von HK 1 und zu der Frage: „Kann ich mir selbst gehören?", in denen sie sich mit Erfahrungen befassen, die die Grenzen ihrer Selbstständigkeit oder des Alleingelassenseins betreffen. Die Vorbereitung für den Gottesdienst übernehmen 4 Konfirmanden, die zu diesen Erfahrungen Gebete und ein Fürbittengebet formulieren, den Gottesdienstablauf festlegen, Lieder und Bibeltexte aussuchen und die Texte aus dem Unterricht zusammenfassen, um sie im Gottesdienst dann vorzutragen. Die Konfirmandengruppe entscheidet, eine Ausstellung im Gottesdienstraum einzurichten, die Bilder und Textplakate aus den vorangegangenen Unterrichtseinheiten und den dazugehörigen Gottesdiensten zeigen. So soll die Gemeinde sehen, was im Konfirmandenunterricht behandelt worden ist. Außerdem zeigt die Ausstellung, dass der Glaube, der im Heidelberger Katechismus im Bekenntnis zu dem einen Herrn mündet, viele Lebens- und Glaubensfragen und Erfahrungen beinhaltet, die sich in den Themen des Unterrichts wieder finden lassen.

Material

Stellwände für die Ausstellung, Plakate und Bilder aus den früheren Unterrichtseinheiten und Gottesdiensten

Ablauf des Gottesdienstes

ORGEL

EINGANG/BEGRÜSSUNG

● Pastorin

Liebe Gemeinde, ich begrüße Sie herzlich zu unserem Gottesdienst, den wir im Konfirmandenunterricht vorbereitet haben. Die letzten Wochen haben wir uns mit dem Heidelberger Katechismus beschäftigt, der wichtigsten Bekenntnisschrift der reformierten Kirche. Die Konfirmanden haben sich dazu viele Gedanken gemacht, und daraus ist dieser Gottesdienst entstanden.

Wir feiern den Gottesdienst im Namen des Herrn, der Himmel und Erde geschaffen hat, der Wort und Treue hält ewiglich und nicht preisgibt das Werk seiner Hände. Amen.

ABKÜNDIGUNGEN

LIED 380,1–7

Ja, ich will euch tragen (EG)

PSALMLESUNG PS 8

● Pastorin im Wechsel mit der Gemeinde

GEBET

▨ Konfirmand

Herr, unser Gott, wir glauben, dass du für uns da bist. Darum feiern wir heute zusammen diesen Gottesdienst.

Wir kommen mit unseren Gedanken zu dir. Wir bitten dich, lass uns Antworten finden auf unsere Fragen. Höre unsere Gebete. Sei mit deinem Geist bei uns. Amen.

Lied 184,1–5
Wir glauben Gott im höchsten Thron (EG)

Lesung
Heidelberger Katechismus 1

▨ Jugendlicher

Was ist dein einziger Trost im Leben und im Sterben?
Dass ich mit Leib und Seele im Leben und im Sterben
nicht mir,
sondern meinem getreuen Heiland Jesus Christus
gehöre.
Er hat mit seinem teuren Blut
für alle meine Sünden vollkommen bezahlt
und mich aus aller Gewalt des Teufels erlöst;
und er bewahrt mich so,
dass ohne den Willen meines Vaters im Himmel
kein Haar von meinem Haupt kann fallen,
ja, dass mir alles zu meiner Seligkeit dienen muss.
Darum macht er mich auch durch seinen
Heiligen Geist
des ewigen Lebens gewiss und von Herzen willig
und bereit,
ihm forthin zu leben.

▨ Texte der Jugendlichen zu HK 1
„Ich gehöre zu Jesus Christus"

1. Jugendlicher
Ich gehöre zu Jesus Christus, ganz und gar. Er sorgt für mich. Alles, was ich bin, bin ich durch ihn. Er beschützt mich. Wenn mir etwas Schlechtes passiert, hilft er mir wieder heraus. Auch wenn ich nicht immer

Gutes tue oder denke, hält er zu mir, mein ganzes Leben lang.

2. Jugendlicher

Ich gehöre zu Jesus Christus, ganz und gar. Darum soll ich mein Leben lang „willig und bereit" sein, mich an Gottes Gebote und Gesetze zu halten. Seine Lehre vom richtigen Leben ist meine Richtschnur für mein Leben. Sie gibt mir die Orientierung, dass ich weiß, was richtig und was falsch ist.

3. Jugendlicher

Ich gehöre zu Jesus Christus, und zu niemanden anders. Er wacht darüber, dass niemand Böses die Macht über mich hat. Er passt auf, dass ich nicht verführt werde. Er hat mich aus der Macht des Bösen befreit, ein für alle Mal, und er hat mich mit meiner Unvollkommenheit angenommen, für immer.

4. Jugendlicher

Ich gehöre zu Jesus Christus, im Leben und im Sterben. Das soll mich trösten, wenn ich mich fürchte vor dem, was mir im Leben passieren kann. Es tröstet mich auch, wenn ich mich vor dem Sterben fürchte. Er wird immer für mich da sein, was immer auch passiert.

LIED 5
Das wünsch ich sehr (Menschenskinderlieder [14]1993)

Lesung

Jugendlicher

Ich lese aus dem 10. Kapitel des Johannes-Evangeliums. Jesus sagt dort:
Ich bin der gute Hirte. Der gute Hirte lässt sein Leben für die Schafe.
Ich bin der gute Hirte und kenne die Meinen, und die Meinen kennen mich, wie mich mein Vater kennt, und ich kenne den Vater.

Meine Schafe hören meine Stimme, und ich kenne sie, und sie folgen mir; und ich gebe ihnen das ewige Leben, und sie werden nimmermehr umkommen, und niemand wird sie aus meiner Hand reißen. Mein Vater, der mir sie gegeben hat, ist größer als alles, und niemand kann sie aus des Vaters Hand reißen. Ich und der Vater sind eins. (Joh 10,11.14–15.27–30)

■ Texte der Jugendlichen zu der Frage: „Kann ich mir nicht selbst gehören?"

1. Jugendlicher
Ich will selbst entscheiden, was ich machen will. Ich möchte mal selbstständig sein und entscheiden, was ich aus meinem Leben mache. Dann möchte ich die Freiheit haben, meinen eigenen Weg zu finden.

2. Jugendlicher
Es gibt immer Situationen, in denen ich entscheiden muss, was ich tun will, was jetzt richtig oder falsch ist. Manchmal weiß ich nicht, was ich tun soll. Dann ist es gut, wenn ich jemanden um Rat fragen kann. Ich glaube, ganz allein auf sich gestellt zu leben ist schwierig.

3. Jugendlicher
Manchmal fühle ich mich allein. Dann fehlen mir die Freunde, oder es fehlt mir jemand, der mich tröstet, weil ich traurig bin. Oder es fehlt mir jemand, der mir bei schwierigen Aufgaben hilft. Ich stelle mir vor, dass es schön ist, wenn man Freunde hat, mit denen man gut reden kann, die einem zuhören und helfen können, wenn es nötig ist.

4. Jugendlicher
Sicherlich bin ich selbst verantwortlich für das, was ich sage, denke und tue. Aber wenn ich weiß, dass ich die Verantwortung nicht allein tragen muss, sondern dass Gott mir dabei helfen will, ist es einfacher für mich. Gott will, dass es mir gut geht. Und ich glaube, „Ich gehöre zu Jesus" heißt, dass er mich davor bewahrt,

irgendwelche Irrwege zu gehen. Er zeigt mir einen Weg mit seinen Geboten und seiner Lehre, meinen Weg.

LIED 209,1–4
Ich möcht', dass einer mit mir geht (EG)

GEBET

Jugendliche

Herr, unser Gott, du hast uns versprochen, dass du für uns da bist.

Du hast uns zugesagt, dass wir zu dir gehören, weil du uns so annimmst, wie wir sind.

Wir vertrauen dir. Wir bitten dich: Sei bei uns, wenn wir uns allein fühlen.

Unterstütze uns, wenn uns alles zu viel wird und wir nicht mehr wissen, wohin wir uns wenden können.

Hilf uns, wenn uns die Verantwortung zu groß wird und wir die Last nicht mehr tragen können.

Gib uns Menschen, die es gut mit uns meinen und uns helfen, wenn wir Hilfe brauchen.

Gib, dass wir mit unseren Familien und Freunden gut zusammenleben können und Konflikte friedlich lösen können.

Sei auch für andere Menschen da, für Menschen, die ohne Orientierung durch ihr Leben gehen, die keinen Ausweg mehr aus ihrer Notlage sehen, die Hilfe brauchen.

Hilf uns, zu helfen, wo wir gebraucht werden.
Wir hoffen auf dich und wir vertrauen dir, deswegen beten wir zu dir:

UNSER VATER

Lied 409,1–8
Gott liebt diese Welt (EG)

Segen

● Pastorin

Gott, segne uns und behüte uns.
Gott, schütze unser Leben und bewahre unsere
Hoffnung.
Gott, lass dein Angesicht leuchten über uns,
dass wir für andere leuchten.
Gott, erhebe dein Angesicht auf uns und erhalte uns
im Vertrauen auf dich. Amen.

Orgelnachspiel

Kaffeetrinken und Gespräch mit der Gemeinde

9 *Verurteilt*

Wer wirft den ersten Stein?

Jemand verstößt gegen die Regeln oder Gesetze der Gemeinschaft, der Clique oder der Gesellschaft und wird verurteilt und bestraft. Dies geschieht täglich, auch und gerade unter Jugendlichen oftmals ziemlich gnadenlos. Der oder die „Verurteilte" wird schnell zum Außenseiter, der wenig Chancen hat, wieder seinen Platz in der Clique einzunehmen. Im Konfirmandenunterricht und in der Jugendgruppe waren solche Erlebnisse häufig Gegenstand von Gesprächen und Diskussionen. Einerseits fanden einige Jugendliche das Verhalten der Clique gegenüber dem „Verstoßenen" richtig, andererseits gab es auch Jugendliche, die dieses Verhalten in Frage stellten. Dieses Thema beschäftigt die Jugendlichen häufig, weil sie in ihrem Schulalltag und auch in ihrer Freizeit in ihren Cliquen damit konfrontiert werden. Schließlich geht es hier nicht nur darum, wie sie sich gegenüber jemanden, der gegen die Regeln verstoßen hat, gerecht verhalten sollen. Es geht auch um die Angst, dass sie selbst einmal zu den „Verurteilten" gehören könnten. Im Konfirmandenunterricht und vor allem in Jugendgruppen bieten sich viele Gelegenheiten, mit den Jugendlichen dieses Thema aufzugreifen und Gespräche zuführen. Eine Form des seelsorgerlichen Umgangs mit diesem heiklen Thema kann ein Gottesdienst mit Jugendlichen sein. Wie ein solcher Gottesdienst aussehen kann, soll im Folgenden gezeigt werden.

In der Jugendgruppe oder in der Konfirmandengruppe wird der Umgang mit Jugendlichen, die „verurteilt" und „verstoßen" worden sind, thematisiert. In einer ausführlichen Diskussion sollte darüber gesprochen werden, was zu der „Verurteilung" geführt hat. Hat die Clique/die Gemeinschaft sich dem Betroffenen gegenüber gerecht verhalten? Hat die Gemeinschaft eigentlich das Recht dazu, den Betroffenen so zu bestrafen? Wie mag sich der Betroffene fühlen? Und wie fühlen sich diejenigen, die eine solche Strafe vollziehen?

Die Pastorin kann im weiteren Verlauf des Gesprächs einen Gottesdienst zu diesem Thema vorschlagen. Als Bibeltext bietet sich Joh 8,1b-11 an: Jesus und die Ehebrecherin. In dieser Erzählung wird eine Frau verurteilt, weil sie Ehebruch begangen haben soll. Sie soll gesteinigt werden. Die Menschen, die sie bei ihrer Verfehlung gefasst haben, sind empört und aufgebracht. Sie wollen die ihnen gerechte und dem Gesetz gemäße Strafe sofort ausführen und sie steinigen. Jesus soll sie in ihrem Urteil bestätigen und damit der Steinigung stattgeben. Doch er folgt ihnen nicht und sagt zunächst nichts dazu. Erst nachdem sie ihn weiter bedrängen, äußert er sich und fordert sie auf: *Wer unter euch ohne Sünde ist, der werfe den ersten Stein auf sie.* Die Menschenmenge entfernt sich nach und nach, niemand wirft den ersten Stein. Die Frau bleibt allein zurück. Das Urteil ist nicht vollstreckt worden. Auch Jesus verurteilt sie nicht.

Diese Geschichte stellt das Verhalten der Menschenmenge gegenüber der Frau, die gegen die Regeln der Gesellschaft verstoßen hat, in Frage. Auch die Jugendlichen können hier erkennen: Das Vergehen der Frau ist zwar als Vergehen benannt, aber es folgt nicht eine unbarmherzige und gnadenlose Verurteilung, sondern die Frau erhält eine zweite Chance: *Geh hin und sündige hinfort nicht mehr.*

Die Vorbereitungen

Im Gottesdienst sollte die Geschichte von Jesus und der Ehebrecherin im Vordergrund stehen. Die Jugendlichen können sich mit den Figuren der Geschichte identifizieren, ohne ihre eigenen Erlebnisse und Gefühle in der Öffentlichkeit preiszugeben. Um diese Geschichte im Gottesdienst zu erzählen, bietet sich eine szenische Darstellung an, denn die

Geschichte selbst ist im Johannes-Evangelium wie eine Szene erzählt. Die Jugendlichen suchen sich ihre Rollen aus: Die Menschen in der Menge, die Ehebrecherin und „Verstoßene", Jesus. Jeder und jede versucht, sich in die Rolle hineinzudenken: Warum sind die Menschen so empört? Wie fühlt sich die Frau, die auf frischer Tat ertappt worden ist und weiß, was ihr jetzt geschehen soll? Und Jesus? Was denkt er über die Frau? Was denkt er über die Menschen? Warum schweigt er zunächst?

Jeder schreibt sein Gedanken zu seiner Rolle auf. Im Gottesdienst wird die Szene dargestellt und diese Gedanken werden dort von den Jugendlichen vorgetragen. Der Gottesdienstraum wird entsprechend hergerichtet: In der Mitte wird die Szene stattfinden. Um die Mitte herum werden für die Gottesdienstteilnehmer die Stühle aufgestellt. So sind sie Zuschauer und gleichzeitig im Geschehen involviert. Die Pastorin legt mit den Jugendlichen zusammen den Gottesdienstablauf fest und sucht mit ihnen die Lieder aus. Sie bespricht mit den Jugendlichen, was als Einführung zu sagen ist und welche Gebetsanliegen der Jugendlichen im Gottesdienst aufgenommen werden sollen.

Der Gottesdienst kann gezielt für Jugendliche angeboten werden. Andererseits bietet sich dieser Gottesdienst auch als Gemeindegottesdienst an, denn die Problematik, die hier angesprochen wird, betrifft nicht nur Jugendliche, sondern ist ein allgemeines gesellschaftliches Problem.

Ablauf des Gottesdienstes

Orgel oder eine andere Eingangsmusik

Die Jugendlichen verteilen sich im Gottesdienstraum

● Pastorin

Die Gnade unseres Herrn Jesus Christus
und die Liebe Gottes
und die Gemeinschaft des Heiligen Geistes
sei mit euch allen! Amen. (1 Kor 1,3)

Liebe Gemeinde, ich begrüße Sie zu unserem Gottesdienst. Wir, die Jugendgruppe und ich, haben den
heutigen Gottesdienst vorbereitet und ihm die Über-
schrift: Verurteilt – Wer wirft den ersten Stein? gegeben.
Die Jugendgruppe hat sich intensiv mit einer bekann-
ten Geschichte, nämlich der Geschichte von Jesus und
der Ehebrecherin, auseinandergesetzt und dazu eine
szenische Darstellung entwickelt, mit der sie Ihnen
diese Geschichte erzählen und auslegen wird. Seien Sie
gespannt und neugierig darauf, was Ihnen die Jugendlichen zu sagen haben. Nach dem Gottesdienst sind Sie
herzlich eingeladen, bei einer Tasse Kaffee oder Tee mit
uns über diese Geschichte zu sprechen.

LIED 452,1–5
Er weckt mich alle Morgen (EG)

PSALM 1
● Pastorin liest im Wechsel mit der Gemeinde

GEBET
● Pastorin

Herr, unser Gott, wir vertrauen dir und hoffen auf deine
Gerechtigkeit.
Darum sind wir heute hier versammelt, um Gottesdienst zu feiern und dir die Ehre zu erweisen. Wir wollen
auf dein Wort hören. Gib uns deinen Geist, damit wir
deine Wahrheit und Gerechtigkeit erkennen. Amen.

LIED 675,1–4
Lass uns den Weg der Gerechtigkeit gehen
(EG, Landeskirchlicher Liederteil)

Szenische Darstellung der Geschichte Joh 8,1b-11

Die Jugendlichen kommen durch die Reihen der Gottesdienstteilneh-mer in die Mitte, die Szene. Die „Frau" wird in die Mitte gestoßen, die „Menschenmenge" steht um sie herum, „Jesus" sitzt am Rand der Szene auf dem Boden.

Aus der „Menschenmenge" sind Rufe zu hören: „Hure!" „Wir haben sie gepackt!" u.ä.

Hier können die Gedanken der Jugendlichen zu ihren Rollen einge-bracht werden; die „Frau" kann sagen, wie sie sich fühlt, dass sie Angst hat vor dem, was ihr gleich geschehen soll, um Hilfe rufen, um Verzei-hung betteln. Die einzelnen in der „Menschenmenge" können ihre Empörung über die „Frau" und ihren Verstoß gegen das Gesetz, über den Ehebruch und die Verletzung der vom Ehebruch Betroffenen aus-drücken.

Einer ruft. „Steinigt sie!" Ein anderer ruft: „Ja! Werft Steine auf sie!"
    Einer ruft: „Moment! Da ist ja dieser Jesus! Was sagst du dazu? Wir haben diese Frau auf frischer Tat erwischt, beim Ehebruch. Mose aber hat uns im Gesetz geboten, solche Frauen zu steinigen."

Hier kann das Gespräch zwischen der „Menschenmenge" und dem schweigenden „Jesus" weiter ausgebaut werden.
    „Jesus" sitzt auf dem Boden und schreibt mit dem Finger auf den Boden. Er schweigt.

Einer aus der „Menschenmenge" sagt: „Los, nun sag schon etwas dazu! Du bist doch auch dafür, dass wir sie steinigen, oder? Schließlich verlangt unser Gesetz das von uns!"

„Jesus" steht auf und geht auf die „Menschenmenge" zu.

„Jesus" sagt: *„Wer unter euch ohne Sünde ist, der werfe den ersten Stein auf sie."*

Die „Menschenmenge" bleibt regungslos stehen und sieht ihn an. Dann entfernen sich die Menschen nach und nach und gehen auf ihre Plätze im Gottesdienstraum. Die „Frau" und „Jesus" bleiben auf der Szene.

„Jesus" fragt: „Wo sind die Leute? Hat dich niemand verdammt?"
Die „Frau" antwortet: „Niemand, Herr."
„Jesus" sagt: „So verdamme ich dich auch nicht; geh hin und sündige hinfort nicht mehr."

Auch hier gibt es Möglichkeiten, das Gespräch zwischen „Jesus" und der „Frau" weiter auszubauen.

LIED 295,1–4
Wohl denen, die da wandeln vor Gott in Heiligkeit (EG)

ABKÜNDIGUNGEN

FÜRBITTE

● Pastorin

Herr, unser Gott, wer von uns ist ohne Sünde? Wer von uns ist ohne Verfehlungen? Niemand kann das von sich behaupten.

Und doch sind wir immer wieder dabei, wenn Menschen verurteilt werden, wenn sie ausgeschlossen werden, weil sie gegen Regeln und Gesetze verstoßen haben.

Wir sind oft ungerecht, wenn wir meinen, unsere Gerechtigkeit reiche aus, unsere Gerechtigkeit sei der Maßstab, nach dem sich alle zu richten haben. Wir bitten dich: Zeige uns deinen Weg der Gerechtigkeit auf, wenn wir selbstgerecht sind. Zeige uns deine Gnade, wenn wir gnadenlos unser Urteil über andere sprechen.

100

Zeige uns deine Barmherzigkeit, wenn wir unbarmherzig gegen andere sind.

Sei mit deinem Geist der Wahrheit bei uns.

Wir bitten dich für alle, die bei ihren Mitmenschen in Ungnade gefallen sind, für alle, die durch ihre Verfehlung sich in eine aussichtslose Lage gebracht haben, stelle ihnen Menschen zur Seite, die ihnen helfen, die Chance eines Neuanfangs zu ergreifen, die ihnen verzeihen können und sie wieder in ihrer Mitte willkommen heißen.

Sei mit deinem Geist der Gnade bei ihnen.

In der Hoffnung und im Vertrauen auf deine Gnade beten wir:

UNSER VATER

SEGEN

● Pastorin

Die Gnade unseres Herrn Jesus Christus
und die Liebe Gottes
und die Gemeinschaft des Heiligen Geistes
sei mit euch allen! Amen

LIED 430,1–4
  Gib Frieden, Herr, gib Frieden (EG)

ORGEL ODER ANDERE MUSIK

Kaffeetrinken und Gespräch mit der Gemeinde

10 *Fremd*
Feind?

Die Mädchengruppe befasste sich mit dem Thema „Ausländerfeindlichkeit", weil eine türkische Mitschülerin in der Schule mit fremdenfeindlichen Verhalten konfrontiert worden war. Das löste bei den Mädchen große Betroffenheit aus. Sie diskutierten darüber, wie sie mit diesem Erlebnis umgehen sollten. In unseren Gesprächen stellte sich heraus, dass die Erfahrungen ihrer Mitschülerin nicht singulär sind. Die Mädchen stellten fest, dass in ihrer Umgebung eine latente, alltägliche Fremdenfeindlichkeit herrscht, ohne dass es einem sofort auffällt. Klischees, Vorurteile, Ressentiments, die aus einer Unkenntnis über Kultur und Religion von Ausländern heraus entstehen, finden sich in Äußerungen, Erzählungen ihrer Eltern und Großeltern, im eigenen Verhalten, in den Medien.

Nachdem an mehreren Gruppenabenden intensive Gespräche stattgefunden hatten, beschlossen die Mädchen, „etwas zu tun". Sie wollten der Ausländerfeindlichkeit etwas entgegensetzen. Mit einem Gottesdienst wollten sie ein Zeichen setzen.

Die Vorbereitungen

Die türkische Mitschülerin wird zu einem Vorbereitungsabend eingeladen. Sie erklärt sich bereit, auch am Gottesdienst teilzunehmen, um dort von ihren Erfahrungen zu berichten. Die Mädchen planen einen Gesprächsgottesdienst, weil es ihnen wichtig ist, dass sie und ihre türkische Mitschülerin mit den Gottesdienstteilnehmern die Möglichkeit des Gedankenaustausches und der Reflexion über dieses Thema haben.

Die Pastorin schlägt als Bibeltext für den Gottesdienst Lev 19,33–35 vor. Die Mädchen verfassen drei Texte, die sie in das Gespräch einbringen wollen. Außerdem formulieren sie ein Fürbittengebet und legen einen Gottesdienstablauf fest, in dessen Mittelpunkt das Gespräch mit der Gemeinde steht.

Im Gottesdienstraum werden Tischgruppen aufgestellt. Im Gottesdienst werden Kaffee, Tee, Saft und Kekse gereicht.

Ablauf des Gottesdienstes

ORGEL

EINGANG/BEGRÜSSUNG

● Pastorin

> Unsere Hilfe kommt von dem Herrn,
> der Himmel und Erde gemacht hat,
> der Bund und Treue hält ewiglich
> und der nicht preisgibt das Werk seiner Hände.
> Amen.

> Liebe Gemeinde, wir – die Mädchengruppe und ich – begrüßen Sie herzlich zu unserem Gottesdienst. Wir haben uns mit einem schwierigen Thema befasst : mit der Fremdenfeindlichkeit. „Fremd – Feind?" heißt unsere Überschrift, unter der wir viele intensive Gespräche hatten, über Fremdenfeindlichkeit in der Öffentlichkeit und in unserer Umgebung. Wir haben N.N. eingeladen, die heute an unserem Gottesdienst teilnehmen wird, um von ihren Erfahrungen an der Schule zu berichten. Ihre Erlebnisse waren für uns der Anlass, dieses Thema aufzugreifen. Herzlich willkommen, N.N., und vielen Dank, dass Du heute hier bist!

„Fremd – Feind?", das soll auch für unseren Gottesdienst heute die Leitfrage sein, unter der wir mit Ihnen
ins Gespräch kommen wollen. Wir wünschen uns, dass
wir einander zuhören und uns gegenseitig zum Nachdenken anregen, wir wünschen uns ein gutes Gespräch
miteinander!

ABKÜNDIGUNGEN

LIED 199,1–5
Gott hat das erste Wort (EG)

PSALM 7,2.3

● Pastorin

Auf dich, HERR, mein Gott, traue ich! Hilf mir von
allen meinen Verfolgern und errette mich, dass sie nicht
wie Löwen mich packen und zerreißen, weil kein Retter
da ist.

Herr, unser Gott,
wir sind heute hier versammelt, weil wir dir vertrauen.
Wir vertrauen darauf, dass du uns anhörst, wenn wir
unsere Sorgen vor dich bringen.

Wir vertrauen darauf, dass du uns zuhörst, wenn wir
unsere Gedanken und unsere Fragen vor dich bringen.
Und wir vertrauen darauf, dass du nicht weghörst,
wenn wir dich um Hilfe bitten.

Wir bitten dich, sei mit deinem Geist in diesem Gottesdienst bei uns. Und sei mit deinem Geist bei jedem,
der in Not ist und deine Hilfe braucht.

Auf dich, Herr, unser Gott, trauen wir! Amen.

GEMEINDEGESPRÄCH

● *Die Pastorin moderiert das Gespräch. Die Texte der Mädchen*
können am Anfang, als Einleitung des Gespräches, oder besser
im Gespräch als Impulse gelesen werden. Am Beginn des Ge-

spräches sollte der Bibeltext aus Lev stehen. Wenn weitere biblische Texte eingeführt werden sollen, sind z.B. auch denkbar: Lk 10,25–37 (Der barmherzige Samariter), Ps 22,13–18 oder Ps 69,2–4 (Klagen eines Verfolgten). Der „Erfahrungsbericht" der türkischen Schülerin erfolgt im Gespräch als Gesprächsbeitrag. Wenn die Schülerin sich nicht traut, frei zu sprechen, kann sie vorher einen kleinen Text verfassen und diesen im Gottesdienst vorlesen.

◼ Ein Mädchen liest Lev 19,33–35

Wenn ein Fremdling bei euch wohnt in eurem Lande, den sollt ihr nicht bedrücken. Er soll bei euch wohnen wie ein Einheimischer unter euch, und du sollst ihn lieben wie dich selbst; denn ihr seid auch Fremdlinge gewesen in Ägyptenland. Ich bin der HERR, euer Gott.

◼ 2. Mädchen liest

Derjenige, der diese Zeilen geschrieben hat, kennt die Situation von Ausländern in seinem Land. Er hat beobachtet, wie Ausländer unterdrückt und verfolgt werden. Er hat erlebt, dass Ausländer nicht die gleichen Rechte bekommen wie die Einheimischen, dass sie nicht genauso behandelt werden, nur weil sie woanders geboren sind. Er weiß: Den Fremden geht es schlecht hier, sie sind unglücklich. Sie haben keine Möglichkeit, sich eine Existenz aufzubauen und zufrieden zu leben.

Das findet er ungerecht. Und er erinnert sich daran, wie sein Volk, die hier Einheimischen, auch einmal Ausländer gewesen waren, in Ägypten, bevor sie nach Israel kamen. Und dort, in der Fremde ging es ihnen schlecht – so wie es den Ausländern jetzt hier in seinem Land schlecht geht. ‚Denkt daran! Damals ging es unserem Volk schlecht. Wollt ihr, dass Menschen in unserem Land auch so leiden müssen?'

■ 3. Mädchen liest

Rechtsradikale Gruppen stecken Asylantenhäuser in Brand. Die Neonazis sind gegen Ausländer. Aber wenn es um sportliche Erfolge z.B. von Fußballmannschaften geht, werden ausländische Sportler oft gefeiert, weil sie Fans dieser Vereine sind.

Neulich sollte ein Fußballspiel zwischen Deutschland und England stattfinden. Aber dieses Spiel wurde abgesagt, weil Neonazis angekündigt hatten, während des Spiels zu randalieren.

Ohne Ausländer in unserem Land gäbe es keine griechischen und italienischen Restaurants, keine Dönerbuden und kein McDonald's.

In den Schulen gibt es in vielen Hofpausen Prügeleien zwischen Ausländern und Deutschen. Manchmal werden sogar Läden, die Ausländern gehören, ausgeraubt. Bei McDonald's wurden neulich ausländische Mitarbeiter von Neonazis gefilmt, bedroht und nach ihrer Adresse befragt.

■ 4. Mädchen liest

‚Ihr seid selbst Fremdlinge gewesen in Ägyptenland.'
Hinter diesem Satz steckt eine ganze Geschichte, eine wichtige Erfahrung Israels, die sich so sehr ins Gedächtnis eingeprägt hat, dass dieser eine Satz reicht, um die Erinnerung wieder wachzurufen. Als wir in der Mädchengruppe über diesen Text gesprochen haben, haben wir diese Geschichte nachgelesen. Die Israeliten waren in Ägypten Sklaven, sie mussten für den Pharao arbeiten. Sie hatten keine Rechte und keine Möglichkeit, über sich und ihr Leben zu bestimmen. Dann kam Mose und wurde ihr Anführer. Und unter Gottes Führung gingen sie einen langen und schwierigen Weg ins Gelobte Land. Gott schenkte ihnen das Land und die Freiheit. Und damit alle auch dauerhaft in Freiheit leben konnten, gab er ihnen Gebote und Regeln, nach denen sie leben konnten. Diese Freiheit sollte für alle

sein, die in diesem Land leben. Niemand soll sich über den anderen erheben und ihm die Freiheit nehmen. Denn Freiheit ist das Geschenk Gottes. Er ist der Herr, Gott – kein Mensch ist Herr über andere Menschen.

LIED 95
Schwarze, Weiße, Rote, Gelbe
(Menschenskinderlieder, [14]1993)

● Pastorin
Kurze Zusammenfassung des Geprächs

Wenn wir jetzt nach dem Gottesdienst nach Hause gehen, nehmen wir mit, dass Ausländer, die bei uns leben, in jedem Falle Menschen sind wie wir, mit Fehlern, unsympathischen und sympathischen Charakterzügen, individuell verschieden und nicht alle gleich, mit unterschiedlichen Lebensgeschichten und Schicksalen. Wir nehmen mit, dass sie unsere Mitmenschen sind und wir ihre Nächsten, ob uns das gefällt oder nicht. Wir nehmen mit, dass unsere Freiheit auch für sie gilt, und dass Konflikte anders gelöst werden müssen als mit Gewalt und Feindschaft. Und wir nehmen mit, dass wir miteinander sprechen müssen, um uns gegenseitig besser kennen und verstehen zu lernen. Es kann ja auch sehr spannend und bereichernd sein, die Kultur und die Religion des Anderen näher kennen zu lernen.

■ Ein Mädchen aus der Gruppe zieht ihr eigenes Fazit

Ich wollte mit diesem Gottesdienst ein Zeichen setzen gegen die Gewalt und die Anfeindungen gegen Ausländer, die ich in den letzten Wochen bei uns an der Schule miterlebt habe. Ich wollte, dass ich mit meinen Gedanken von anderen bestärkt und unterstützt werde. Ich wollte, dass die anderen Leute hier wissen, wie sehr ich darüber erschrocken bin, dass es hier bei uns nach unserer Geschichte mit dem Nationalsozialismus Fremdenfeindlichkeit gibt, auch unter Christen. Und ich wollte, dass alle hier wissen, was die Bibel dazu sagt und von uns fordert.

▓ zwei Mädchen beten im Wechsel

(Psalm 7,2.3) *Auf dich, HERR, mein Gott, traue ich! Hilf mir von allen meinen Verfolgern und errette mich, dass sie nicht wie Löwen mich packen und zerreißen, weil kein Retter da ist.*

Herr, unser Gott!
Menschen werden verfolgt, überall auf der Welt –
auch bei uns,
weil sie anders sind, anders aussehen als wir, anders leben als wir, anders sprechen und denken als wir, andere Sitten und Bräuche kennen und anders glauben als wir.
Ist niemand da, der ihnen hilft?
Warum werden Menschen zu Feinden für andere?
Warum ist es so schwierig, Andere einfach zu respektieren?
Uns wird angst und bange, wenn wir sehen,
wie Menschen miteinander umgehen, wie sie zu Feinden werden.
Hilf uns, dass das anders wird. Hilf uns, dass wir mutiger werden, Zeichen gegen Fremdenfeindlichkeit zu setzen. Wir wollen uns auf die Seite derer stellen, die Anfeindungen ausgesetzt sind.
Wir wollen Nein zur Gewalt sagen.
Hilf allen in der Welt, die verfolgt werden,
die Opfer von Gewalt und Fremdenhass sind.
Gib ihnen Menschen, die ihnen helfen und
die für sie eintreten.
Dir, Herr, vertrauen wir!

UNSER VATER

SEGEN

●　Pastorin

Gottes Stärke leite uns,
Gottes Macht beschütze uns,
Gottes Weisheit leite uns an,
Gottes Hand beschirme uns. Amen.

LIED 258
Zieht in Frieden eure Pfade (EG)

ORGEL

Nach dem Gottesdienst sollte die Möglichkeit eines Nachgesprächs gegeben sein. Auch für die Mädchen hatte es sich als sinnvoll erwiesen, in der Gruppe noch einmal über die Eindrücke des Gottesdienstes miteinander zu sprechen.

11 Offene Zukunft
Abraham zieht aus

Grundlage dieses Gottesdienstentwurfs ist der Beginn der Abrahamsgeschichte, Gen 12,1–2. Die Geschichte Abrahams als das erste Kapitel der Geschichte der Erzväter hat entscheidende Bedeutung für das Volk Israel als das von Gott erwählte Volk. Die Geschichte des Volkes Israel kann als die Geschichte seiner Erwählung zur Freiheit und zur Selbstverantwortung verstanden werden. Das Volk Israel bricht aus Ägypten auf und macht sich auf einen langen Weg, der voller Entbehrungen und Gefahren ist, der das Gottvertrauen immer wieder auf die Probe stellt, schließlich aber ins Gelobte Land führt. Dieses Motiv findet sich ebenfalls in der Abrahamsgeschichte. Abraham wird von Gott aufgefordert, sein Elternhaus und seine Heimat zu verlassen und in ein Land zu ziehen, das Gott ihm zeigen werde. Im zweiten Vers wird die Nachkommensverheißung das erste Mal ausgesprochen: Die Nachkommenschaft Abrahams soll groß und gesegnet sein. Abraham bricht auf, verlässt seine vertraute Umgebung, lässt sein bisheriges Leben im Familienverband hinter sich und macht sich auf den Weg in eine unbekannte und ungewisse Zukunft. Er muss nun seinen eigenen Weg in ein neues, selbst verantwortetes Leben gehen.

Warum ist dieses Thema für Jugendliche interessant? Die Lebensphase, in der sich Jugendliche befinden, ist von dem Motiv des Aufbruchs, der Suche nach einem eigenen Weg und einer eigenen Zukunft geprägt. Dabei gestaltet sich dieser Lebensabschnitt für sie oftmals recht schwierig. Die Jugendlichen fühlen sich hin- und hergerissen zwischen Kindheit und Erwachsenenalter. Einerseits möchten sie sich allmählich vom Elternhaus lösen, andererseits verspüren sie den Wunsch nach Schutz und Geborgenheit der Kindheit. Sie schwanken zwischen eigenen Orientierungsversuchen und Orientierungslosigkeit. Die Jugendlichen werden zunehmend selbstständig. Sie machen sich ihre Gedanken über ihre Zukunft. Fragen nach dem richtigen Schulabschluss, Berufswünsche, die Suche nach Lehrstellen oder die Entscheidung zum Studium und Vorstellungen zur Lebensgestaltung bewegen sie. Auch wenn Einiges möglicherweise vorgezeichnet ist, bleibt das Ungewisse ihrer Zukunft, das zu Unsicherheit und auch zu Ängsten führen kann. Die Kirche kann hier die Jugendlichen begleiten, indem sie ein Forum schafft, das den Jugendlichen die Möglichkeit bietet, sich mit ihrer Situation auseinanderzusetzen und miteinander ins Gespräch zu kommen. Ein Gottesdienst, der sich mit der Abrahamsgeschichte beschäftigt, kann eine seelsorgerliche Form der Begleitung sein, die den Jugendlichen den Zuspruch Gottes gerade in dieser Lebensphase zusagt.

Die Adressaten des Gottesdienstes, der hier vorgeschlagen wird, sind Jugendliche, die an dieser Schwelle stehen, also 14–18-Jährige. Dieser Gottesdienst kann mit einer Jugendgruppe vorbereitet und gefeiert werden, beispielsweise als Wochenschlussgottesdienst an einem Samstagabend. Dazu können auch weitere Jugendliche über die Gemeinde, über Sportvereine, Freizeitheime u.ä. eingeladen werden. Denkbar ist auch, dass ein Jugend-Projekt ins Leben gerufen wird: Interessierte Jugendliche werden eingeladen, einen solchen Gottesdienst vorzubereiten und zu gestalten. Dies bietet sich besonders in den Gemeinden an, in denen keine Jugendgruppe (mehr) existiert und Jugendliche neu angesprochen werden sollen. Das Projekt kann entweder eine Initiative zur Gründung einer neuen Jugendgruppe sein oder aber eine Alternative zur Jugendarbeit mit kontinuierlichen und regelmäßigen Terminen darstellen.

Der vorliegende Gottesdienstvorschlag kann sich auf einen Gottesdienst nur für Jugendliche beziehen, muss aber nicht. Vorstellbar ist auch, dass dieser Gottesdienst, wie andere hier vorgestellte Entwürfe, die Sonntagsgemeinde ansprechen kann. Das Thema ist im Hinblick auf die Kommunikation zwischen den Generationen sicherlich interessant und fruchtbar zu machen.

Die Vorbereitungen

Für die Vorbereitungen sollte ausreichend Zeit vorhanden sein, das heißt, es sollten mehrere Termine vereinbart werden, um das Thema zu erarbeiten und den Gottesdienst dann vorzubereiten.

Der Text (Gen 12,1–2) wird gelesen. Danach ist es sinnvoll, Leitfragen zu formulieren, zu denen Gedanken und Ideen gesammelt werden, etwa: Abraham soll ausziehen – was lässt er zurück? Abraham soll ausziehen – was mag ihn erwarten? Abraham soll ausziehen – welche Gefühle und Gedanken wird er dabei haben? Die Ergebnisse des Gesprächs werden schriftlich festgehalten.

In einem weiteren Schritt kann ein Gespräch darüber stattfinden, wie die Jugendlichen selbst sich ihren Aufbruch, ihren Auszug aus dem Elternhaus und ihren Start in ein selbstständiges Leben vorstellen. Welche Gedanken machen sie sich dazu? Wie stellen sie sich Umstände und Bedingungen für einen solchen Schritt vor? Und gibt es Ideen, wohin ihr Weg führen soll? Dieses Gespräch kann – je nach Anzahl der Teilnehmenden – in der Gesamtgruppe oder in Kleingruppen geführt werden. Eine Alternative können kreative Arbeitsformen sein (Bilder, Collagen; Verfassen von kleinen Texten, Briefen, Gedichten, Liedern oder Rapsongs; Anspiele), deren Ergebnisse auch in den Gottesdienst eingebracht werden können.

Schließlich muss ausgewählt und sortiert werden: Was soll im Gottesdienst vorkommen? Und in welcher Form sollen die Gedanken und Ideen der Jugendlichen im Gottesdienst einen Platz finden?

Die Jugendlichen legen einen Gottesdienstablauf fest, suchen Lieder und eventuell auch Musikstücke aus, bringen Texte und Gebete ein. Wenn möglich, kann eine Gruppe von Jugendlichen die musikalische Gestaltung übernehmen.

Der folgende Gottesdienstablauf sieht eine kleine Theaterszene in drei Teilen vor, die den Bibeltext entfalten und die Gedanken der Jugendlichen aufnehmen können. Die Jugendlichen legen die handelnden Personen fest und übernehmen je eine Rolle, deren Texte sie selbst verfassen.

Ablauf des Gottesdienstes

EINGANGSMUSIK
(Orgel, Jugendband, Tonträger)

● Pastorin

Begrüßung und Eingangsvotum/Einführung in den Gottesdienst: Liebe Gemeinde, ich begrüße Sie/Euch zu dem heutigen Gottesdienst, den wir zusammen feiern wollen im Namen des Herrn, der Himmel und Erde geschaffen hat, der Wort und Treue hält ewiglich und nicht preisgibt das Werk seiner Hände. Amen.

Abraham zieht aus. Er soll sein altes, sicheres Leben innerhalb seiner Familie hinter sich lassen. Er soll sich auf den Weg machen in ein neues Leben. In der Jugendgruppe haben wir uns Gedanken gemacht darüber, wie das wohl ist, wenn man auszieht und etwas Neues, Eigenes anfängt. Darum soll es heute gehen in unserem Gottesdienst, den die Jugendgruppe vorbereitet hat. Lasst uns hören und sehen, was N.N. *(die Namen der beteiligten Jugendlichen nennen)* zu sagen haben, welche Gedanken und Ideen sie dazu entwickelt haben. Nach dem Gottesdienst werden wir die Möglichkeit haben, beim Kaffee miteinander darüber zu sprechen.

LIED 7
Der Himmel geht über allen auf
(Menschenskinderlieder, [14]1993)

(Anspiel I: Vor dem Aufbruch)

Mehrere Jugendliche (5–10) kommen durch den Gottesdienstraum nach vorne auf die „Bühne". Sie stellen die Familie, in der Abraham lebt, dar. Auch „Abraham" ist dabei. Auf der Bühne verteilen sie sich und gehen Beschäftigungen nach oder unterhalten sich über Alltägliches wie den Ertrag der Ernte dieses Jahr oder den Zustand ihrer Herde oder was noch alles zu tun ist. „Abraham" geht aus ihrer Mitte an den Rand des Geschehens und hält inne, steht da, als wenn er etwas hört.

MUSIK

(Leise, vielleicht Querflöte oder eine meditative Musik von einem Tonträger; die Szene auf der Bühne „friert ein".)

▨ Eine Jugendliche liest

Und der HERR sprach zu Abram: Geh aus deinem Vaterland und von deiner Verwandtschaft und aus deines Vaters Hause in ein Land, das ich dir zeigen will. Und ich will dich zum großen Volk machen und will dich segnen und dir einen großen Namen machen, und du sollst ein Segen sein. (Gen 12,1–2)

(Anspiel II: Die ersten Schritte)

„Abraham" denkt laut: Ich bin hier groß geworden. Ich habe meinen Platz hier. Hier weiß ich, was ich tun und lassen kann. Ich habe meine Aufgabe und mein Auskommen. Es ist nicht immer alles so toll hier, und manchmal denke ich schon, ich müsste doch einmal raus hier. Aber dann wiederum denke ich: Warum? Hier habe ich alles, was ich brauche, und man kann es hier schon aushalten.

Ein Junge aus der Sippe kommt zu ihm und fragt: Hast du noch nie das Gefühl gehabt, du verpasst etwas? Bist du gar nicht neugierig, wie es woanders sein könnte?

„Abraham" wird nachdenklich und antwortet: Doch, sicher. Aber von der Familie weg? Alles, was ich gewohnt bin, was mir vertraut ist, hinter mir lassen? Ich weiß nicht. *Abraham ist wieder still und lauscht.* Vielleicht sollte ich es versuchen.

115

Vielleicht sollte ich mich aufmachen. Wer weiß, wohin der Weg mich führt.

(Die Szene kann weiter ausgebaut werden; Material bieten sicherlich die Gedanken und Ideen aus der Vorbereitung. Am Ende ziehen sich die „Familienmitglieder" in den Hintergrund zurück. „Abraham" bleibt allein vorn auf der Bühne.)

MUSIK

◾ (Eine Jugendliche liest) Psalm 139,1–10

(Anspiel III:)
„Abraham" packt seine Sachen. Er geht an den Rand der Bühne, schaut noch einmal zurück und dann nach vorn. Ich werde losgehen. Ich muss meinen Weg gehen, anfangen, mein eigenes Leben zu leben. Ich bin gespannt, was auf mich wartet. Ein bisschen Sorgen mache ich mir ja schon. Wer weiß, wo ich landen werde. Wer weiß, wer und was mir alles begegnen wird. Trotzdem, ich soll gehen, und ich werde jetzt gehen.

(Auch hier kann die Szene weiter ausgebaut werden. Die Gedanken der Jugendlichen zum Aufbruch aus der Vorbereitung bieten auch hier sicherlich viel Material.)

MUSIK

◾ (Texte von Jugendlichen und/oder von der Pastorin: Text I)

Abraham zieht aus. Er verlässt seine Familie, seine Heimat, seine ihm vertraute Umgebung. Er begibt sich aus dem Schutz der Sippe. Abraham zieht aus in eine ungewisse Zukunft, in ein ihm unbekanntes Land, er geht in die Fremde.
Abraham zieht aus, er macht sich auf den Weg. Er geht jetzt seinen eigenen Weg. Er lebt sein eigenes Leben, selbstständig, selbstverantwortlich. Es ist nicht vorhersehbar, wohin ihn dieser Weg führen wird und wie

116

dieser Weg für ihn sein wird. Es wird Höhen und Tiefen geben, Hindernisse, Steine, aber auch Oasen und schöne Plätze, an denen sich das Verweilen lohnen wird.

Abraham zieht aus – auf Gottes Aufforderung hin: „Zieh in ein Land, das ich dir zeigen will." Vielleicht wäre Abraham selbst gar nicht auf die Idee gekommen, seinen eigenen Weg zu suchen? Gott fordert ihn auf. Abraham soll seinen Weg gehen. Er soll seine eigene Familie gründen. Er wird eine große Nachkommenschaft haben. Das bedeutet, dass er eine große Verantwortung übernehmen muss, für sich, seine Familie, seine Nachkommenschaft. Aber Gott fordert ihn nicht nur auf: Mach dich selbstständig, übernimm Verantwortung, geh deinen eigenen Weg! Er sagt ihm auch zu: Vertrau darauf, dass ich dich schützen und erhalten werde, dass ich dir Orientierung geben werde und dass ich dich begleiten werde auf deinem Weg.

Abraham zieht aus, und er kann guten Mutes gehen. Auch wenn, wie wir vorhin gesehen haben, ihm die Entscheidung sicher nicht leicht gefallen ist, auch wenn Sorgen und Befürchtungen ihn haben zögern lassen, er kann guten Mutes und im Vertrauen auf Gottes Schutz seinen Weg gehen.

(Text II)

An dieser Stelle können Jugendliche aus der Vorbereitungsgruppe eigene Texte vortragen, formuliert als Gedanken über ihre Zukunft und ihre Hoffnungen und Befürchtungen, als Gedichte oder Rapsongs; sie können auch Bilder oder Collagen vorstellen und erläutern. Es soll hier deutlich werden, dass die Situation Abrahams, wie sie in den Anspielen dargestellt worden ist, sich auf die Situation der Jugendlichen übertragen lassen kann.

(Text III)

Abraham geht seinen Weg, und Gott geht mit ihm. Das macht ihm Mut, nimmt ihm die Angst vor dem Ungewissen. Er hat es von Gott gehört: Er hat eine Zukunft, eine Zukunft, auf der Gottes Segen liegt.

Unser Weg liegt vor uns, und wir wissen nicht immer so ganz genau, wohin unser Weg uns führen wird. Niemand weiß, ob sich die Hoffnungen für die Zukunft erfüllen werden. Niemand weiß, welche Hindernisse zu überwinden sind. Unser Weg liegt vor uns, wir müssen ihn selber gehen, aber wir müssen ihn nicht allein gehen. Gottes Zusage an die Menschen, für sie da zu sein, gilt auch uns. So wie Abraham Gottes Segen und Schutz erfahren hat, so können auch wir erfahren, dass Gott uns begleitet, uns schützt, uns segnet. Auch wenn es uns schwer fällt, Vertrautes hinter uns zu lassen, erwachsen zu werden, Verantwortung zu übernehmen – wir wollen ja selbstständig und unabhängig werden. Auch wenn wir uns vielleicht manchmal hin- und hergerissen fühlen – wir wollen ja unseren eigenen Weg finden. Und in der Hoffnung auf Gottes Segen und Hilfe können wir guten Mutes suchen, ausprobieren und schließlich losgehen in das unbekannte, ferne Land.

LIED 52,1–4
Halte zu mir, guter Gott
(Menschenskinderlieder, [14]1993)

FÜRBITTE

● Pastorin

Herr, unser Gott,
du schenkst uns die Freiheit, unseren Weg zu gehen.
Dafür danken wir dir.
Und wir bitten dich: Sei bei uns auf unserem Weg
und trage uns, wenn der Weg steinig und schwierig wird.
Du schenkst uns das Vertrauen, dass wir verantwortlich unser Leben gestalten.
Dafür danken wir dir.
Und wir bitten dich: Erhalte unsere Hoffnung, dass du uns den rechten Weg weist, wenn wir ratlos sind und nicht mehr weiter wissen.

Du machst uns neugierig auf die Zukunft, die du für
uns bereit hältst.
Dafür danken wir dir.
Und wir bitten dich: Erhalte uns die Freude am Leben,
erhalte unser Vertrauen, dass unser Weg zu einem
guten Ziel führen wird.
Wir bitten dich für uns und alle Menschen: Sei ihnen
Trost in schlechten Zeiten, sei ihnen Schutz in der
Bedrohung, gib ihnen Freude und Hoffnung, das ihr
Leben gelingen möge. Amen.

UNSER VATER

LIED 77
Herr, gib uns deinen Frieden
(Menschenskinderlieder, [14]1993)

SEGEN

● Pastorin

Der Herr sei vor dir,
um dir den rechten Weg zu zeigen.
Der Herr sei neben dir,
um dich in die Arme zu schließen
und dich zu schützen.
Der Herr sei hinter dir,
um dich zu bewahren
vor der Heimtücke böser Menschen.
Der Herr sei unter dir,
um dich aufzufangen, wenn du fällst,
um dich aus der Schlinge zu ziehen.
Der Herr sei in dir,
um dich zu trösten,
wenn du traurig bist.
Der Herr sei um dich herum,
um dich zu verteidigen,
wenn andere über dich herfallen.

Der Herr sei über dir,
um dich zu segnen.
So segne dich der gütige Gott.
Amen.

AUSGANGSMUSIK

12 Sommer
Die Schöpfung genießen

In Gesprächen mit Jugendlichen tauchte öfter der Wunsch auf, fröhliche und feierliche Gottesdienste draußen zu feiern. Gemeindefeste sind willkommene Anlässe, solche Gottesdienste auf dem Gelände der Gemeinde zu feiern. An deren Gestaltung können Jugendliche einer Jugendgruppe oder einer Konfirmandengruppe beteiligt werden. Auch hier gibt es die Möglichkeit, ein Jugend-Projekt zu initiieren, wenn in der Gemeinde keine Jugendgruppe vorhanden ist.

Der folgende Vorschlag ist ein Entwurf eines Sommer-Gottesdienstes, der ein Gemeindefest einleiten kann, der aber auch den Beginn der Ferienzeit einläuten oder einfach die Gemeinde auf den Sommer einstimmen kann. Adressaten dieses Gottesdienstes können Familien mit Kindern, Jugendliche und/oder die Sonntagsgottesdienst-Gemeinde sein.

Die Vorbereitungen

Für einen Sommer-Gottesdienst bietet sich das Thema „Die Schöpfung genießen" an, ein Gotteslob der Schöpfung, ein dankbares Betrachten der Natur um uns herum. Der Psalm 104 ist ein solches Gotteslob und wird deswegen als Leittext für den Gottesdienst vorgeschlagen.

Die Jugendlichen lesen den Psalm und entwickeln im Gespräch ihre Gedanken dazu, die sie in kleinen Texten schriftlich festhalten. Gemeinsames Essen und ein Agape-Mahl mit Fladenbrot und Weintrauben betonen den Charakter des

Gottesdienstes als Gemeinschaftsfeier. Darum werden das Agape-Mahl und ein Picknick im Gottesdienstablauf eingeplant.

Für die Planung des Picknicks ist es sicherlich sinnvoll, die Gottesdienstteilnehmenden zu bitten, Speisen für ein „Mitbring-Buffet" mitzubringen und sich mit Getränken, Geschirr und Besteck selbst zu versorgen. Darauf muss in der Einladung, die die Jugendlichen schreiben können, hingewiesen werden. Die Jugendlichen können nach Absprache mit der Küsterin die Sitzgelegenheiten organisieren.

Der Ablauf des Gottesdienstes und die musikalische Gestaltung wird von den Jugendlichen festgelegt. Für einen Gottesdienst, der draußen stattfindet, ist es notwendig, Zettel mit dem Verlauf des Gottesdienstes, mit den Liedern und Texten, die gemeinsam gelesen werden sollen, bereitzuhalten.

Material

Gottesdienst-Zettel
Fladenbrote und Weintrauben für das Agape-Mahl

Ablauf des Gottesdienstes

MUSIK
(Jugendband, Posaunenchor oder Tonträger)

BEGRÜSSUNG UND VOTUM

● Pastorin

Ich begrüße Sie und Euch zu unserem Sommergottesdienst. Die Jugendlichen *(werden mit Namen vorgestellt)* haben diesen Gottesdienst vorbereitet. Wir wollen zusammen feiern, singen, essen, wir wollen zusammen Gott loben und ihm danken, dass wir uns unseres Lebens freuen können. Die Schöpfung lässt uns staunen: HERR, *wie sind deine Werke so groß und viel! Du hast sie alle weise geordnet, und die Erde ist voll deiner Güter!* Amen.

LIED 23

Lasst uns miteinander singen
(Menschenskinderlieder, [14]1993)

LESUNG

Psalm 104,1–5. 10–15
(Die Gottesdienstgemeinde wird in zwei oder mehrere Gruppen aufgeteilt und liest die Psalmverse im Wechsel)

GEBET

▪ Jugendlicher

Gott, wir freuen uns, dass wir hier zusammen sind und Gottesdienst feiern. Die Sonne scheint, es ist Sommer. Die Natur ist wunderschön jetzt. Wir genießen die Wärme der Sonne. Wir danken dir, dass es uns heute so gut geht. Wir bitten dich, sei mit deinem Geist bei uns, lass uns mit dir und miteinander eine Gemeinschaft sein. Amen.

LIED 640

Die Herrlichkeit des Herrn bleibe ewiglich
(EG, Landeskirchlicher Liederteil)

ANSPRACHE

● Pastorin und/oder Jugendliche aus der Vorbereitungsgruppe)
(Die folgenden Texte sind als Beispiele bzw. Denkanstöße zu verstehen.)

Liebe Gemeinde, heute wollen wir feiern. Und wir tun das, indem wir in das Gotteslob einstimmen, das jemand vor langer Zeit so formuliert hat, wie wir es eben im 104. Psalm gelesen haben. Wir staunen mit ihm darüber, wie schön die Natur ist. Wir entdecken mit ihm: Alles hat seinen Platz in der Natur, alles hat seinen Sinn. Und für alle und alles ist gesorgt. Alles ist wohlgeordnet. Und mit unserem Psalmensänger hier sind wir dankbar und loben Gott und preisen ihn dafür, dass auch wir uns gut aufgehoben fühlen können bei Gott. Auch für uns sorgt er, auch wir haben einen Platz in seiner guten Schöpfung.

Ein Jugendlicher
Wenn ich morgens aufstehe und aus dem Fenster sehe, sehe ich die Sonne scheinen. Ich denke, es wird ein guter Tag. Ich habe gute Laune, ein gutes Gefühl: Heute wird mir mein Tag gelingen.

Zweiter Jugendlicher
Wenn ich abends schlafen gehe und aus dem Fenster sehe, sehe ich den Mond scheinen und die Sterne am Himmel leuchten. Ich bin zufrieden und werde gut schlafen können. Und morgen bin ich ausgeruht und fit für den neuen Tag.

Dritter Jugendlicher
Wenn ich durch den Wald gehe und sehe, wie die Sonne durch das Blätterdach scheint, rieche, wie der Wald duftet, höre, wie die Vögel singen, dann spüre ich Frieden um mich herum und in mir. Und ich werde still und zufrieden. Ich fühle mich stark für alles, was dann auf mich wartet, wenn ich wieder in meinem Alltag bin.

Vierter Jugendlicher
Wir freuen uns, wenn es uns gut geht. Wir sind froh, wenn uns unser Leben gelingt und wir zufrieden sein können. Und wir freuen uns über die schönen Dinge um uns herum, über die Sonne mit ihrer Wärme, über die Wiesen mit ihren Blumen und ihren Düften, über das kleine Pflänzchen, das zu wachsen beginnt und über den stattlichen Baum, der schon viele Jahre gesehen hat.

Lied 640

Psalm 104, 16–28
(Die Gottesdienstgemeinde wird wieder in zwei oder mehrere Gruppen aufgeteilt und liest die Psalmverse im Wechsel)

Lied 53

Herr, ich werfe meine Freude
(Menschenskinderlieder, [14]1993)

▨ Jugendlicher oder Pastorin

Wir wollen jetzt gemeinsam das Agape-Mahl feiern. Wir tun dies, weil wir uns darüber freuen, dass wir hier zu einer Gemeinschaft zusammengekommen sind. Wir tun dies, weil wir dankbar sind und unsere Gemeinschaft untereinander und mit Gott genießen wollen. Das Agape-Mahl ist ein Zeichen unserer Gemeinschaft, unserer Zuneigung untereinander und der Zuneigung Gottes zu uns. Darum lasst uns jetzt Brot und Weintrauben zu uns nehmen und uns an diesen Gaben freuen.

Herr, unser Gott, *aller Augen warten auf dich, und du gibst ihnen ihre Speise zur rechten Zeit. Du tust deine Hand auf und sättigst alles, was lebt, nach deinem Wohlgefallen. Der Herr ist gerecht in allen seinen Wegen und gnädig in allen seinen Werken. Der Herr ist nahe allen, die ihn anrufen, allen, die ihn ernstlich anrufen.* Amen.

▨ Jugendliche und/oder Pastorin

Herr, unser Gott, du bist der Schöpfer dieser Welt, auf der wir leben. Wir danken dir dafür, dass wir unser Auskommen haben. Wir bitten dich:

Gib, dass alle Menschen Anteil haben können an den Gütern deiner guten Schöpfung. Lass uns miteinander teilen und deine Gaben gerecht verteilen.

LIED 1

Alles kommt von dir
(Menschenskinderlieder, [14]1993)

Herr, unser Gott, deine Welt ist für alle Geschöpfe da, für Menschen, Tiere und Pflanzen. Alles hat seinen Platz, alles Leben hat sein Recht. Dafür danken wir dir. Wir bitten dich: Gib, dass alle Geschöpfe miteinander im Einklang leben können. Lass uns der Natur, den Tieren und Pflanzen als unsere Mitgeschöpfe, ihren Platz einräumen und verteidigen gegen alles, was ihren Lebensraum zerstören will. Lass uns Hüter der Natur sein und hilf uns dabei mit deiner Kraft und deinem Geist.

LIED 1

Herr, unser Gott, du führst uns zusammen zu deiner Gemeinde. Unsere Gemeinschaft feiern wir heute und freuen uns darüber. Wir danken dir, dass du in unserer Mitte bist und unsere Gemeinschaft stiftest. Wir bitten dich: Gib, dass wir uns immer wieder zusammenfinden und unsere Gemeinschaft nicht aufgeben. Sei mit deinem Geist bei uns und stärke unsere Gemeinschaft, die wir nicht nur zum Feiern, sondern auch in unserem Alltag zum Leben brauchen.

LIED 1

oder das Lied 29: Vater unser, Vater im Himmel (Menschens-kinderlieder, [14]1993)

An dieser Stelle kann jetzt das Picknick veranstaltet werden. Nach dem Picknick sollte dann ein gemeinsamer Abschluss mit dem Lied 72,1–3: Gib uns Frieden jeden Tag (Menschenskin-derlieder, [14]1993) und dem Segen erfolgen.

Segen

Pastorin

Der Herr segne und behüte uns.
Der Herr lasse sein Angesicht leuchten über uns und sei uns gnädig.
Der Herr hebe sein Angesicht über uns
und gebe uns Frieden. Amen.

Dienst am Wort

Die Reihe für Gottesdienst und Gemeindearbeit

V&R

Dieter Kindler
Gottesdienste unter freiem Himmel
Von der Sehnsucht nach dem Paradies

Dienst am Wort, Band 120.
2009. 120 Seiten, kartoniert
ISBN 978-3-525-59529-9

Diese ökumenischen Gottesdienste schaffen die Möglichkeit, Naturerfahrungen in der Feier unmittelbar zu erleben. Gottesdienste im Freien sprechen alle Sinne an.

Werner Milstein
Weihnachten und Epiphanias
Dienst am Wort, Band 119.
2008. 174 Seiten mit 14 Abb., kartoniert
ISBN 978-3-525-59525-1

Milsteins Meditationen zu den Tagessprüchen und Psalmen, kurze Auslegungen der Lesungen und Gebete dienen als Bausteine für den Gottesdienst, die Andacht oder die persönliche Meditation.

Hartmut Wortmann
**Gedenkgottesdienste
für im Krankenhaus Verstorbene**
Dienst am Wort, Band 118.
2008. 94 Seiten, kartoniert
ISBN 978-3-525-59527-5

Trauernde suchen Wege des Abschieds von ihren Verstorbenen. Wortmann hat aus seiner Praxis heraus Vorschläge für Gedenkgottesdienste entwickelt. Er bietet auch konkrete Anleitungen zur Planung an.

Klaus von Mering
**Gottesdienste
mit Psalmmeditationen II**
Trinitatis bis Ewigkeitssonntag

Dienst am Wort, Band 117.
2008. 184 Seiten, kartoniert
ISBN 978-3-525-59526-8

Mit Worten aus unserer Zeit und unserer Umgangssprache spüren von Merings Psalmmeditationen dem christlichen Glauben nach.

Vandenhoeck & Ruprecht